小さい花のテレジア

文 蛯名 啓
絵 石倉淳一

女子パウロ会

もくじ

2

3

はじめに

世界《せかい》じゅうの教会《きょうかい》では、毎年《まいとし》十月一日《じゅうがつついたち》を、小《ちい》さい花《はな》のテレジアの記念日《きねんび》としておいわいしています。けれども、このような記念日《きねんび》や、テレジア（テレーズとかテレサともいいます）という名《な》まえを、はじめて聞《き》いた人《ひと》もいるでしょう。小《ちい》さい花《はな》のテレジアは、一八七三年、フランスに生《う》まれました。そして二十四歳《にじゅうよんさい》のわかさで亡《な》くなるまで、ほんとうに小《ちい》さい花《はな》のように、ほとんど人《ひと》に知《し》られず、ひっそりと一生《いっしょう》をすごしました。

このような生《い》き方《かた》は、テレジアが心《こころ》から望《のぞ》んでえらんだ生《い》き方《かた》でした。けれども、有名《ゆうめい》になりたいという気持《きも》ちをすこしももたず、ただ神《かみ》さまだけに知《し》られることに満足《まんぞく》していたテレジアに、神《かみ》さまはどのようにお答《こた》えになったのでしょうか。

テレジアが亡《な》くなってから、テレジアが書《か》いた「小《ちい》さい花《はな》の物語《ものがたり》」を読《よ》んだ人《ひと》びとは深《ふか》く心《こころ》を打《う》たれ、テレジアを自分《じぶん》の心《こころ》の友《とも》としてたいせつにするようになったのです。

いまあなたが手《て》にしているこの本《ほん》は、テレジアについて書《か》かれたたくさんの本《ほん》の中《なか》から、とくに「ある家庭《かてい》の物語《ものがたり》」と、テレジアが書《か》いた「小《ちい》さい花《はな》の物《もの》語《がたり》」を参考《さんこう》にして書《か》きました。

たくさんの人《ひと》びとからしたわれ、愛《あい》されているテレジアは、この本《ほん》を読《よ》むあなたの、きっとよいお友《とも》だち、お姉《ねえ》さんにもなってくれることでしょう。

1 白《しろ》い小《ちい》さな花《はな》

ひみつ

テレジアは、大《おお》きなひみつを心《こころ》にいだいて、お父《とう》さんのいる庭《にわ》に出《で》ていきました。

お父《とう》さんはさっきから、ばらの花《はな》のあまいかおりがただよう庭《にわ》の木《こ》かげで、すこしずつかわってゆく夕《ゆう》ぐれの空《そら》をながめていました。

「お父《とう》さま、お話《はな》ししたいことがあるのです。」

「なんだね〝女王《じょおう》さま〟、話《はな》してごらん。」

お父《とう》さんはいつもテレジアを〝わたしの女王《じょおう》さま〟とか〝小《ちい》さな女王《じょおう》さま〟とよんで、たいそうかわいがっていました。

テレジアは、お父《とう》さんのやさしい目《め》を見《み》ると、すぐにはことばが出《で》ませんでした。

けれどもやっと心《こころ》をおちつけて、ながいあいだ心《こころ》の中《なか》にもえつづけている一《ひと》つの望《のぞ》みをうちあけました。

お父《とう》さんは、じっと耳《みみ》をかたむけて聞《き》いていました。話《はな》しおわると、ふたりの間《あいだ》にちんもくがつづきました。お父《とう》さんの目《め》には、なみだが光《ひか》っているようでした。テレジアは、いったいなにを話《はな》したのでしょう。どんなひみつをうちあけたのでしょう。

お父《とう》さんは立《た》ちあがって、ゆっくりと庭《にわ》のはずれの、へいのそばにいきました。そしてそこにたくさんさいている、白《しろ》い小《ちい》さな花《はな》を一本《いっぽん》つんでテレジアにわたしました。

「よく見《み》てごらん〝女王《じょおう》さま〟、だれもわざわざここにたねをまいたわけではないのに、こんなにきれいにさいている。みんなをよろこばせるようにと、神《かみ》さまが育《そだ》ててくださったんだね。そしてこんなに愛《あい》らしくさかせてくださった。この花《はな》のように、神《かみ》さまは、おまえをたいせつに守《まも》って、育《そだ》ててくださったのだね。」

ほんとうにそうです。なんとすばらしいことでしょう。神《かみ》さまは、お父《とう》さんのようなひろい心《こころ》で、ひとりひとりをたいせつにしてくださるだけでなく、こんなに小《ちい》さい花《はな》までもおわすれにならないで、ちゃんとさかせてくださいます。

この小《ちい》さな花《はな》は、わたしのような気《き》がするわ――。

テレジアはそう思《おも》って、たいせつに台紙《だいし》にはってとっておきました。

お父《とう》さんが話《はな》してくれた小《ちい》さな花《はな》の物語《ものがたり》は、テレジアの一生《いっしょう》をそのままあらわしているようでした。

テレジアは、もうすぐ十五歳《じゅうごさい》になるのです。

小《ちい》さな花《はな》のたんじょう

一八七三年《ねん》一月《いちがつ》二日《ふつか》の
真夜中《まよなか》のことです。

その夜《よる》、
アランソンの町《まち》の
人《ひと》たちは、もうほとんど
ねむりについていました。

こな雪《ゆき》がしんしんと
ふっていて、通《とお》りをまっ白《しろ》に
うめていきます。街灯《がいとう》のあかりが、
ぼうっとまるく光《ひか》っています。

町《まち》の中《なか》でただ一軒《いっけん》、サン・ブレーズ街《がい》の
マルタン家《け》の二階《にかい》のまどだけは、
あかりがともっていました。

そうです。赤《あか》ちゃんが生《う》まれたのです。うちじゅうみんなで待《ま》っていた赤《あか》ちゃん。やさしいつぼみのような、かわいい女《おんな》の赤《あか》ちゃんです。

お母《かあ》さんは、赤《あか》ちゃんの寝顔《ねがお》をうっとりと見《み》つめながら、これまでにも、赤《あか》ちゃんが生《う》まれたときにいつもささげた祈《いの》りをくりかえしました。

「神《かみ》さま、この子《こ》をあなたにおまかせいたします。この子《こ》が悪《わる》い心《こころ》をおこしたり、ゆうわくにまけることがないように、この子《こ》の心《こころ》をお守《まも》りください。もしこの子《こ》が大《おお》きくなってあなたにそむくようになるくらいでしたら、いますぐにおとりあげになってください。けれども、けっしてそんな子《こ》にならないようにお守《まも》りください。」

お父《とう》さんは、このかわいい赤《あか》ちゃんをひとめ見《み》せようと、お姉《ねえ》さんのマリアとポリナをおこしにいきました。

小《ちい》さいレオニアとセリナは、朝《あさ》になってから赤《あか》ちゃんと対面《たいめん》しました。

みんなが赤《あか》ちゃんのまわりに集《あつ》まっているとき、げんかんに男《おとこ》の子《こ》がやってきて、おいわいのことばを書《か》いたカードをとどけました。

ほほえみの花《はな》をふりまきながら、
はやく、はやくお育《そだ》ちなさい。
すべてのものが、
あなたをしあわせへとまねいています。
やさしい心《こころ》づかい、あたたかい愛《あい》につつまれて、
開《ひら》きはじめたかれんなつぼみよ、
あけぼのに向《む》かってほほえみなさい。
やがてあなたは、ばらのように花開《はなひら》くでしょう。

思《おも》いがけないこのプレゼントは、生《う》まれたばかりの赤《あか》ちゃんの未来《みらい》をいいあてているようでした。

いったい、だれがこのすばらしいことばをおくってくれたのでしょう。それは、お父《とう》さんがめんどうをみていたある家庭《かてい》の父親《ちちおや》が、感謝《かんしゃ》の心《こころ》をあらわそうと、このおいわいのことばをとどけさせたのでした。

赤《あか》ちゃんは、生《う》まれて三日《みっか》めに、教会《きょうかい》で洗礼《せんれい》を受《う》けて、テレジアと名《な》づけられました。

マルタン家《け》の人《ひと》びと

テレジアは、マルタン家《け》の九《きゅう》ばんめの子《こ》どもです。

ゆりかごのまわりには、冬休《ふゆやす》みで寄宿学校《きしゅくがっこう》から帰《かえ》っている十三歳《じゅうさんさい》のマリアと十二《じゅうに》歳《さい》のポリナ、それに、十歳《じゅっさい》のレオニアと四歳《よんさい》のセリナがいました。

ほかに、ふたりのお兄《にい》さんとふたりのお姉《ねえ》さんは、天国《てんごく》からテレジアを見守《みまも》っています。この四人《よにん》のお兄《にい》さんとお姉《ねえ》さんは、みんな小《ちい》さいうちに病気《びょうき》で死《し》んでしまいました。お母《かあ》さんは、小《ちい》さい子《こ》どもたちが天国《てんごく》にとびたつたびに、たくさんなみだを流《なが》しました。けれどもいまでは、小《ちい》さい天使《てんし》たちは神《かみ》さまの天国《てんごく》で、みんなのために祈《いの》ってくれている、と信《しん》じているので、もうかなしみません。

それよりも、お姉《ねえ》さんたちにかこまれてねむっている小《ちい》さいテレジアのことでいっぱいです。お母《かあ》さんだけでなく、マリアもポリナもレオニアもセリナも、そしてお父《とう》さんも、小《ちい》さいテレジアにすっかりむちゅうでした。

ピンクのやわらかい花《はな》びらのような赤《あか》ちゃんは、みんなの心《こころ》をうばってしまいました。マリアとポリナは、お休《やす》みが終《お》わればまた寄宿学校《きしゅくがっこう》にもどるので、この小《ちい》さい妹《いもうと》とわかれなければならないと思《おも》うと、もう、つらいのでした。

お父《とう》さんは、宝石《ほうせき》と時計《とけい》の店《みせ》を開《ひら》いていました。正直《しょうじき》で熱心《ねっしん》に働《はたら》き、だれにもしんせつで、みんなに信用《しんよう》されていて、お店《みせ》ははんじょうしていました。

お母《かあ》さんも、お父《とう》さんにふさわしい人《ひと》でした。家《いえ》のことを手《て》ぎわよくかたづけて、有名《ゆうめい》なアランソン・レースを作《つく》っていました。

お母《かあ》さんが作《つく》るレースはとても上品《じょうひん》なので、注文《ちゅうもん》がたくさんあります。お母《かあ》さんのレース作《づく》りを手伝《てつだ》う人《ひと》たちもいました。一階《いっかい》のサロンには、いつもこの人《ひと》たちが、かわるがわるやってきていました。

あるとき、その中《なか》のひとりが病気《びょうき》になったので、お母《かあ》さんは、夜《よる》、子《こ》どもたちを休《やす》ませてからその病人《びょうにん》のところへいって、一晩《ひとばん》じゅう看病《かんびょう》しました。また、食《た》べ物《もの》や着《き》る物《もの》をもっていってあげることもありました。

このようにお母《かあ》さんは、朝《あさ》はやくから夜《よる》おそくまで働《はたら》きつづけているので、ときどきぐあいが悪《わる》くなって休《やす》まなければならないことがありました。

お父《とう》さんもお母《かあ》さんも、よく働《はたら》きました。けれども、心《こころ》を高《たか》くあげて、神《かみ》さまのことを考《かんが》えたり、神《かみ》さまに祈《いの》ることを、もっとたいせつにしていました。毎朝《まいあさ》、教会《きょうかい》のごミサにいって、一日《いちにち》の力《ちから》を神《かみ》さまからいただきました。

日曜日《にちようび》には仕事《しごと》を休《やす》んで、みんなそろって教会《きょうかい》へいきます。

お父《とう》さんは、よくひびく大《おお》きな声《こえ》でうたいます。子《こ》どもたちも、お父《とう》さんとお母《かあ》さんにならって、熱心《ねっしん》にうたったり祈《いの》ったりしました。

教会《きょうかい》から帰《かえ》ると、夏《なつ》はうら庭《にわ》のぶどうだなの下《した》のベンチでゆっくりすごします。

そこにはさまざまな花《はな》がさいている花《か》だん、たねをまいたなえどこ、秋《あき》には大《おお》きなふさをたくさんつけるぶどうや、金色《きんいろ》の実《み》をつけるなしの木《き》もあります。

子《こ》どもたちは、おそうじやかたづけをよろこんで手伝《てつだ》いました。ですから、赤《あか》れんがの家《いえ》の中《なか》も外《そと》も、いつもせいけつできちんとかたづいていて、おだやかなふんいきがあふれていました。

お姉《ねえ》さんたちの笑顔《えがお》、お父《とう》さんとお母《かあ》さんのゆきとどいたせわ。小《ちい》さいテレジアは、なんの心配《しんぱい》もなく幸福《こうふく》につつまれているようでした。

けれども、どんなところにも〝けれども〟がしのびこんできます。

死《し》なないで！

お母《かあ》さんのむねで、ときどきにっこりほほえんでお母《かあ》さんをうっとりさせた小《ちい》さいテレジアは、だんだん元気《げんき》がなくなりました。お母《かあ》さんの心《こころ》に、黒《くろ》い雲《くも》がひろがりました。

赤《あか》ちゃんは病気《びょうき》になったのです。まだこんなに小《ちい》さいのに、病気《びょうき》になっては、四《よ》人《にん》のお兄《にい》さんたちのように、死《し》んでしまうのでしょうか。

お母《かあ》さんは、心配《しんぱい》とおそれで心《こころ》がつぶれそうです。お父《とう》さんもお姉《ねえ》さんたちも、

「小《ちい》さいテレジアを助《たす》けてください。」

と神《かみ》さまに、ひっしでおねがいしました。

マンの聖母訪問会《せいぼほうもんかい》のシスターになっているおばさんにも、お祈《いの》りをたのみました。

お医者《いしゃ》さまとお母《かあ》さんの、けんめいな看病《かんびょう》と、みんなのしんけんなお祈《いの》りのおかげで、テレジアはいくらか元気《げんき》をとりもどしたようでした。

みんながほっとしたのもつかのま、三月《さんがつ》のはじめには、まえよりももっとひどい病気《びょうき》になってしまいました。お母《かあ》さんのおちちがたりないので、のませていたこなミルクがいけなかったのです。

お医者《いしゃ》さまは、すぐお母《かあ》さんのかわりに、たくさんおちちをあげられる人《ひと》をさがしなさい、というのです。

どうしましょう。病気《びょうき》のテレジアをひきとって、せわをしてくれる人《ひと》が、すぐ見《み》つかるものでしょうか。

お母《かあ》さんは、なきたい気持《きも》ちで神《かみ》さまにおすがりしました。

「どうか助《たす》けてください！」

そのとき、ずっとまえにお母《かあ》さんを助《たす》けてくれた、ローザおばさんを思《おも》い出《だ》しました。

ローザおばさんは、アランソンから三《さん》キロはなれたスマレ村《むら》に住《す》んでいる、元気《げんき》で働《はたら》き者《もの》の、農家《のうか》のおかみさんです。正直《しょうじき》でとてもよい人《ひと》です。

そうだわ、ローザおばさんにたのんでみましょう、と思《おも》うと、お母《かあ》さんには元気《げんき》がわいてきました。

ローザおばさんは、モイゼおじさんと四人《よにん》の子《こ》どもたち、そして〝ポリス〟という名《な》まえのまだら牛《うし》といっしょに住《す》んでいました。末《すえ》っ子《こ》はまだ一歳《いっさい》です。

ひろびろとした牧草地《ぼくそうち》、しげった林《はやし》にかこまれて、目《め》の前《まえ》にはみどりの麦畑《むぎばたけ》がひろがっている、いなかのおばさんの家《いえ》は、なつかしいかれ草《くさ》のにおいがみちています。まずしいけれど健康《けんこう》にあふれています。

ローザおばさんは、テレジアのようすを聞《き》いて、

「そんなぐあいでは、わたしがいってもお役《やく》にたつかしら。」

と気《き》がすすまないようでした。

とにかく、アランソンにきてようすを見《み》ることにしました。

ゆりかごの中《なか》の小《ちい》さなテレジアをひとめ見《み》たおばさんは、がっかりしたように首《くび》をふりました。

お母《かあ》さんは、ひっしでテレジアをおばさんのむねにおしつけると、気《き》がくるったように二階《にかい》にかけあがりました。そして聖《せい》ヨゼフ（キリストさまの養父《ようふ》で教会《きょうかい》の保護者《ほごしゃ》）のご像《ぞう》の前《まえ》にひざまずいて、なきながら祈《いの》りました。

「どうか、テレジアをお助《たす》けください。
テレジアの病気《びょうき》をなおしてください。
でも、もし神《かみ》さまがテレジアを
おひきとりになりたいのでしたら……
おまかせいたします……」。

ながい時間《じかん》がたったように思《おも》いました。
下《した》におりていって、はやく見《み》たい
気持《きも》ちと、おりていっても、もとの
ままだったり、もしかして……
死《し》んでいるのを見《み》ることになったら……。
お母《かあ》さんの心《こころ》は、苦《くる》しみで
はりさけそうでした。

でも、やっと勇気《ゆうき》をふるっておりていきました。

そこでいったいなにを見《み》たのでしょう。

小《ちい》さいテレジアは、まるで生《う》まれかわったように、全身《ぜんしん》でおちちをすっているではありませんか。

まもなく、おなかがいっぱいになったらしく、ローザおばさんのうでの中《なか》で、すやすやとねむってしまったのです。

ローザおばさんは、お母《かあ》さんに目《め》くばせしました。お母《かあ》さんは、ゆめを見《み》ているような気持《きも》ちでした。急《きゅう》にからだじゅうの力《ちから》がぬけてしまって、ぐったりといすにもたれて目《め》をとじました。

「——神《かみ》さま、ありがとうございます。わたしたちに、テレジアをかえしてくださって、ほんとに、ありがとうございます……。」

お母《かあ》さんの目《め》から、うれしなみだがあふれました。

しばらくすると、小《ちい》さいテレジアは目《め》をさましまして、にこにことほほえみかけたではありませんか。
テレジアは助《たす》かったのです。

元気《げんき》なおちびちゃん

テレジアがすっかり元気《げんき》になるまで、ローザおばさんがあずかってくれることになりました。おばさんはテレジアをつれて、スマレ村《むら》に帰《かえ》りました。
外《そと》はもう春《はる》です。野原《のはら》や畑《はたけ》にかげろうがゆれて、木々《きぎ》はいっせいにわか芽《め》をふきはじめています。
小《ちい》さいテレジアにも、新《あたら》しいいのちがもどってきて、ぐんぐん元気《げんき》になっていきました。おばさんの四人《よにん》の子《こ》どもたちは、小《ちい》さい妹《いもうと》がきたのでおおよろこびでした。

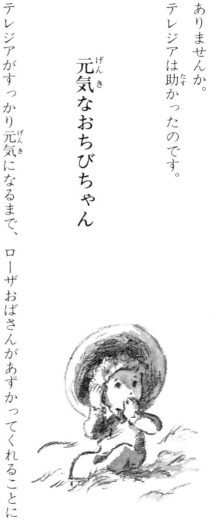

いなかでは、朝《あさ》からみんな外《そと》へ出《で》て働《はたら》きます。ローザおばさんは、畑《はたけ》へいくときも、市場《いちば》にいくときも、いつもテレジアをつれていきました。

おばさんの大《おお》きなエプロンにくるんだり、一輪車《いちりんしゃ》のわらの間《あいだ》にねかせたり、おとなしいまだら牛《うし》〝ポリス〟の背中《せなか》のかごに、女王《じょおう》さまのようにすわらせたりしてつれていきました。

日焼《ひや》けした小《ちい》さいテレジアは、大《おお》きなぼうしの下《した》から、だれにでもにこにことほほえみかけるのでした。テレジアは、すっかりいなかの生活《せいかつ》になじんでいきました。

ローザおばさんは、

「こんなにかわいい赤《あか》ちゃんは、見《み》たことがないよ。」

といって、だれかれにじまんして見《み》せました。そして、ときどきアランソンから会《あ》いにやってくるお母《かあ》さんに向《む》かって、

「いまに、どんなにきれいなおじょうちゃまになることでしょう。」

というのでした。

小《ちい》さいテレジアは、日《ひ》ましにちえもついて、いろいろなことをなんでもよく見《み》ていて、まねをしました。

やがて、ひとり歩《ある》きができるようになり、おしゃべりもするようになって、ますますかわいらしくなりました。

スマレの健康《けんこう》な空気《くうき》の中《なか》で、満一歳《まんいっさい》のたんじょう日《び》がすぎ、また春《はる》がめぐってきて、野山《のやま》が花《はな》におおわれるころお姉《ねえ》さんたちが首《くび》をながくして待《ま》っているアランソンに帰《かえ》ってきました。

元気《げんき》でかわいいさかりのテレジアは、たちまち、うちじゅうの愛情《あいじょう》をひとりじめしてしまいました。

けれども、お父《とう》さんもお母《かあ》さんも、このかわいいおちびちゃんを、けっしてあまやかさない決心《けっしん》をしていました。

お父《とう》さんとお母《かあ》さんは、どの子《こ》も神《かみ》さまからいただいたたいせつな子《こ》どもだ、と考《かんが》えていました。だから、神《かみ》さまによろこばれないわがままやうそは、どんなに小《ちい》さくてもいけないことだと、はっきりわかるように、きびしく教育《きょういく》していました。だれでも小《ちい》さいときは、いくらかわがままでよくばりなところがあります。小《ちい》さいテレジアも、感《かん》じやすくて、ちょっとしたことですぐなきました。すぐ上《うえ》のセリナとはだいのなかよしで、いつでもいっしょでしたが、セリナが勉強《べんきょう》するときはへやにいれてもらえないので、すねて戸《と》の前《まえ》にねころんでいるのです。

けれども、マリアが、

「テレジアちゃん、神《かみ》さまをおよろこばせしたくないの？」

というと、テレジアは、すぐに悪《わる》かったと気《き》がついて、きげんをなおしました。〝神《かみ》さまをおよろこばせする〟という考《かんが》えは小《ちい》さいときからマルタン家《け》の子《こ》どもたちにとっては、なによりもたいせつなことでした。

ある日《ひ》、お母《かあ》さんが、マンの聖母訪問会《せいぼほうもんかい》のシスターになっているおばさんのところへテレジアをつれていったときのこと。

おとなたちの会話《かいわ》にたいくつした小《ちい》さいテレジアは、もう帰《かえ》りたい気持《きも》ちを知《し》らせようとして、

「こんどは、おばさまがうちへいらっしゃいね。」

といいました。

そのおばさんが、帰《かえ》るときに、

「一《ひと》つはテレジアに、もう一《ひと》つはおるすばんのセリナに。」

といってくださったおかしを、とちゅうで一《ひと》つなくしてしまいました。けれども

テレジアは平気《へいき》な顔《かお》で、

「セリナ、おばさまが、セリナとわたしに一《ひと》つずつおかしをくださったの。でも、

セリナのはなくしたけど、わたしのはこれよ。」

といって、セリナの目《め》の前《まえ》で、残《のこ》ったおかしをすまして食《た》べてしまいました。

おしゃれもいちにんまえで、お母《かあ》さんがながそでのワンピースを着《き》せてくれた

とき、
――みじかいそでのほうが、ずっとかわいく見《み》えるのに――。
と心《こころ》の中《なか》で思《おも》っていました。

愛《あい》の花《はな》たば

お母《かあ》さんは、子《こ》どもたちの欠点《けってん》やわがままを、はやく見《み》つけてなおすようにと、心《こころ》をくばっていました。
だれでもくらいところはこわいものですが、テレジアはとくべつにおくびょうでした。まっくらやみの中《なか》には、なにかおそろしいものがいるような気《き》がするのです。
お母《かあ》さんは、このおくびょうをなおす方法《ほうほう》を考《かんが》えました。毎晩《まいばん》ひとりで二階《にかい》にいく用事《ようじ》をテレジアにたのむのです。

テレジアはこまってしまいました。だいすきなお母《かあ》さんのたのみを、ことわりたくはないし、かといって、まっくらなお母《かあ》さんのへやにひとりでいくのは、考《かんが》えただけでもふるえあがってしまいます。ほんとにどうしましょう。

テレジアは、うまいことを考《かんが》えつきました。

「お母《かあ》さま、わたしがよんだら、かならずお返事《へんじ》してね。」

もちろんお母《かあ》さんはしょうちしました。

その夜《よる》から、テレジアは二階《にかい》にいくかいだんを一段《いちだん》のぼるごとに、大声《おおごえ》で、

「お母《かあ》さま！」

とよびました。お母《かあ》さんはそのたびに、

「はい、ここにいますよ。」

と答《こた》えるのでした。

こうしてテレジアは、おくびょうにうちかちました。

あるときレオニアが、

「わたし、もういらないから、セリナとテレジアにあげるわ。」

といって、お人形《にんぎょう》の服《ふく》や、きれいなぬのやレースをかごにいれてもってきました。

「すきなものをえらびなさい。」

といわれて、セリナはつつましく、美《うつく》しいレースを一《ひと》つとりました。

テレジアは、じっと考《かんが》えてから手《て》をのばして、

「わたしは全部《ぜんぶ》えらぶわ。」

といいました。

〝全部《ぜんぶ》〟それは、テレジアの性質《せいしつ》をよくあらわしていました。

もし、だれかをかなしませたと気《き》がつくと、すぐになみだの大雨《おおあめ》になって「ごめんなさい。」をくりかえし、ゆるしてもらうまでは安心《あんしん》できないのでした。

お父《とう》さんは、テレジアを〝小《ちい》さい女王《じょおう》さま〟といって、たいへんかわいがってい

ましたが、けっしてあまやかしません。

あるとき、ブランコ遊《あそ》びをしていたテレジアを、お父《とう》さんがよびました。ブランコにむちゅうになっていたテレジアは、ブランコの上《うえ》からさけびました。

「お父《とう》さまがこっちへいらっしゃいよ。」

お父《とう》さんは、さっさといってしまいました。

マリアが、

「お父《とう》さまに、そんなお返事《へんじ》をしていいの？　お父《とう》さまに失礼《しつれい》よ。」

と注意《ちゅうい》しました。

テレジアは、すぐにいけなかったと気《き》がついて、お父《とう》さんを追《お》いかけました。そして、なきながら大声《おおごえ》で「ごめんなさい。」をくりかえすのでした。

みんなに愛《あい》されて、人《ひと》を愛《あい》する心《こころ》も育《そだ》っていったテレジアは、神《かみ》さまをお愛《あい》しすることも、小《ちい》さいときから教《おし》えられました。

天《てん》のお父《とう》さまはわたしたちには見《み》えないけれど、わたしたちをちゃんと見《み》ていてくださいます。そして、ないたりおこったりしたいとき、がまんしてにっこりするなら、神《かみ》さまはよろこんでくださるのです。それは、神《かみ》さまだけに見《み》える、すてきな花《はな》をささげることです。

人《ひと》からほめられるためではなく、神《かみ》さまに花《はな》たばをささげるよろこびを、小《ちい》さいテレジアもだんだんおぼえていきました。

だいじにしていたおもちゃを、よその子《こ》にあげなさい、といわれても、不平《ふへい》をいわずに、すぐ、はいとさしだしました。セリナだけが、テレジアの目《め》になみだが光《ひか》っているのを知《し》っていました。

ときどきわすれてわがままをしても、だれかが、

「テレジアちゃん、神《かみ》さまを、おかなしませしたいの？」

「神《かみ》さまをおよろこばせしなさい。」

というだけでよかったのです。

お母《かあ》さんは、日《ひ》に何度《なんど》も、テレジアといっしょにお祈《いの》りしたり、お祈《いの》りさせたりしました。

「神《かみ》さま、あなたに、わたしの心《こころ》を全部《ぜんぶ》あげます。どうぞ、わたしをうけとってちょうだい。どんなものも、わたしの心《こころ》をとってしまわないように、神《かみ》さま、あなただけが、わたしの心《こころ》をすっかりせんりょうしてください。」

テレジアは、大《おお》きくなっても、お母《かあ》さんが教《おし》えてくれたお祈《いの》りをたいせつにしていました。

天国《てんごく》で会《あ》いましょう

元気《げんき》いっぱいのテレジアは、神《かみ》さまにも、みんなにも愛《あい》されて、毎日《まいにち》が幸福《こうふく》でか

がやいていました。

ところがある日《ひ》、お母《かあ》さんが、お父《とう》さんと子《こ》どもたちの前《まえ》で、

「わたしの病気《びょうき》は、ちょっと手《て》おくれらしいのですよ。でも、まだこんなに元気《げんき》ですからだいじょうぶ。神《かみ》さまが、みんなよいようにしてくださるでしょう。」

といったときから、すっかりかわりました。

お母《かあ》さんは、まえからぐあいが悪《わる》かったのですが、やっとお医者《いしゃ》さまのところへいったときには、もう、手術《しゅじゅつ》をしてもむだだ、といわれたのです。

みんなはなきました。小《ち》さいテレジアもセリナも、そしてだれもが、いつもほがらかでやさしいお母《かあ》さんが、そんなにひどい病気《びょうき》だとは知《し》りませんでした。

お母《かあ》さんは、ときどきむねがいたむのを、だれにも気《き》づかれないようほほえみながら、ながいあいだがまんしつづけていたのでした。

心配《しんぱい》のあらしにつつまれた家族《かぞく》の中《なか》で、お母《かあ》さんだけは、しっかりとおちついていて、いつものように、ほがらかにみんなをなぐさめ、はげましました。

お父《とう》さんは、だいすきなつりもぱったりやめて、ごミサにいくいがいは、教会《きょうかい》の集《あつ》まりにも、友《とも》だちの家《いえ》にも、どこにもいかず、家族《かぞく》といっしょにすごすようになりました。

マリアとポリナは学校《がっこう》をやめて、いままでお母《かあ》さんがしていたことを、全部《ぜんぶ》ひきうけました。マリアは十七歳《じゅうななさい》、ポリナは十六歳《じゅうろくさい》で、もうお母《かあ》さんのかわりができるようになっていました。

このようなときに、お母《かあ》さんがたよりにしていた聖母訪問会《せいぼほうもんかい》のおばさんがなくなりました。子《こ》どもたちは、天国《てんごく》にいったおばさんに祈《いの》りました。

「『お母《かあ》さまの病気《びょうき》をなおしてください』と神《かみ》さまにおねがいしてください。」

みんなは祈《いの》りつづけました。

これまでも、苦《くる》しいとき、こまったことがあるとき、どんなときにも、マルタン家《け》の人《ひと》たちはまっ先《さき》に神《かみ》さまに祈《いの》ってきました。いまは、小《ちい》さいときから祈《いの》ることを教《おし》えてくれたお母《かあ》さんのために、子《こ》どもたちはお父《とう》さんと心《こころ》をあわせて、いっしょうけんめい祈《いの》りました。

祈《いの》りの数《すう》か月《げつ》がすぎました。

お母《かあ》さんは、もうベッドについたままです。

テレジアの生活《せいかつ》は、だいぶまえから、さびしいかなしみの毎日《まいにち》になっていました。

お母《かあ》さんのぐあいが悪《わる》いとき、小《ちい》さいテレジアとセリナは、知《し》りあいの家《いえ》にあずけられました。ふたりは、大《おお》きなへやのじゅうたんにすわって、なにもしないでお母《かあ》さんのことばかり考《かんが》えました。

しんせつにしてくれるおとなたちを見《み》ても、

――やっぱり、お母《かあ》さまとはちがうわ。お母《かあ》さまはいつだって、お祈《いの》りさせてくださったのに。――

と思《おも》うのでした。

おやつの、みごとなあんずを、お母《かあ》さんのために、食《た》べないでもって帰《かえ》ったとき、お母《かあ》さんはもうそれを口《くち》にいれる力《ちから》もなくなっていたのですが、ふたりのプレゼントをとてもよろこびました。

一日一日《いちにちいちにち》と弱《よわ》っていくお母《かあ》さんは、自分《じぶん》の苦《くる》しみよりも、子《こ》どもたちひとりひとりのことを気《き》づかっているのでした。末《すえ》っ子《こ》のテレジアは、まだ四歳半《よんさいはん》なのです。

お母《かあ》さんは、リジューに住《す》んでいる、弟《おとうと》のゲランおじさんとおばさんに、手紙《てがみ》を書《か》きました。

どうぞ、お父《とう》さんの力《ちから》になってあげてください。

わたしがいなくなっても、あなたがたがいらっしゃるので、安心《あんしん》です。

子《こ》どもたちをおねがいします。

ある朝《あさ》、お父《とう》さんが、

「さあ、おいで。おまえのだいじなお母《かあ》さまに、もう一度《いちど》ごあいさつしようね。」

といって、テレジアをお母《かあ》さんのベッドのそばにつれていきました。

テレジアはだまったまま、小《ちい》さなくちびるを、お人形《にんぎょう》のようにつめたくなった、お母《かあ》さんのひたいによせました。

テレジアの心《こころ》は、あまりのかなしさで、止《と》まってしまったようでした。なくこともできずに、どんなことでもよく見《み》ていました。みんなが、小《ちい》さいテレジアにはかくそうとしていたことまでも、びんかんに、みんな見《み》ていました。

その日《ひ》は、一八七七年《ねん》の八月《はちがつ》も終《お》わりに近《ちか》い日《ひ》でした。

2 ビュイソンネ

新《あたら》しい家《いえ》

たいせつな、愛《あい》するお母《かあ》さんの死《し》は、小《ちい》さいテレジアにはあまりにも大《おお》きなかなしみでした。いぜんは、あんなに活発《かっぱつ》でほがらかだったのに、いまはすっかりおとなしくなり、ちょっとしたことで、すぐなみだがあふれるのです。

お葬式《そうしき》が終《お》わった夜《よる》、五人《ごにん》の姉妹《しまい》たちは、おたがいの心《こころ》をいたわるようによりそって、台所《だいどころ》に集《あつ》まっていました。

ばあやが、またエプロンを顔《かお》におしあてながら、

「おかわいそうに、おかわいそうに。もうお母《かあ》さまがいらっしゃらないなんてねえ。」

といって、セリナとテレジアにほおずりしました。セリナはすぐに、マリアのう

でとびこんで、

「マリア、こんどはマリアがママよ。」

といいました。テレジアもまねをして、ポリナをなぐさめようと、ポリナの首《くび》をだいてさけびました。

「ポリナ、ポリナがこれからわたしのママよ。」

このときから、マリアとポリナは、妹《いもうと》たちのやさしいお母《かあ》さんになりました。お父《とう》さんも、まえよりもっとやさしくなりました。いまは、なくなったお母《かあ》さんの弟《おとうと》、ゲランおじさんたちのいるリジューにひっこすことを、しんけんに考《かんが》えていました。

ゲランおじさんは、リジューで大《おお》きな薬局《やっきょく》を経営《けいえい》しています。おばさんと、九歳《きゅうさい》のジャンヌ、いたずらっ子《こ》のマリアも、お母《かあ》さんをなくしたアランソンの姉妹《しまい》たちを、あたたかくむかえてくれるでしょう。

とはいえ、一方《いっぽう》では、住《す》みなれたアランソンをはなれることは、お父《とう》さんにとってつらいことでした。たくさんの親《した》しい友《とも》だち、はんじょうしている店《みせ》、思《おも》い出《で》がいっぱいの家《いえ》、町《まち》、そしてなによりも、お母《かあ》さんと四人《よにん》の子《こ》どもたちのお墓《はか》のあるアランソン。

けれども、やはりゲランおじさん一家《いっか》の近《ちか》くに住《す》むほうが、子《こ》どもたちのためにはよいことだ、と思《おも》ったお父《とう》さんは、自分《じぶん》の心《こころ》にうちかって、リジューにうつる決心《けっしん》をしました。

お父《とう》さんのたのみで、ゲランおじさんは、すぐにすてきな家《いえ》を見《み》つけてくれました。その家《いえ》は、おじさんの薬局《やっきょく》からも、教会《きょうかい》からもわりあい近《ちか》く、住宅街《じゅうたくがい》からはすこしひっこんだ、静《しず》かなところにありました。

みどりの林《はやし》にかこまれた庭《にわ》には、色《いろ》とりどりの花《はな》がさきみだれていて、小鳥《ことり》のさえずりと、林《はやし》を通《とお》りぬけてくる風《かぜ》が、みんなをかんげいしているようでした。とくに、かなしみにうちひしがれた小《ちい》さいテレジアの心《こころ》を、やさしくつつみこんでくれました。

建物《たてもの》はすこし古《ふる》かったのですが、みんなの気《き》にいりました。さっそくふたりの小《ちい》さいママは、妹《いもうと》たちに手伝《てつだ》ってもらって、家《いえ》の中《なか》をじょうずにととのえました。マリアもポリナも、なくなったお母《かあ》さんがいつもいっしょにいて、助《たす》けてくれると感《かん》じていました。

マルタン家《け》の姉妹《しまい》たちは、自分《じぶん》たちの家《いえ》を〝ビュイソンネ〟と名《な》づけました。

ビュイソンネの日々《ひび》

小《ちい》さいテレジアは、ビュイソンネの新《あたら》しい生活《せいかつ》にすぐなじんで、毎日庭《まいにちにわ》や林《はやし》をかけまわり、しだいに元気《げんき》をとりもどしていきました。

静《しず》かな、いなか風《ふう》の生活《せいかつ》は質素《しっそ》で、よぶんなものはなにもありません。毎日《まいにち》、大《おお》

きなつるべ井戸《いど》から水《みず》をくみ、うら庭《にわ》にはやさいを作《つく》り、お父《とう》さんはときどき、すてきな夕食《ゆうしょく》のおかずをつって帰《かえ》りました。

テレジアは、セリナやレオニアといっしょに、花《はな》のせわをしました。草花《くさばな》のたねをせんじて〝王《おう》さま〟にささげることもありました。小《ちい》さいテレジアにとって、お父《とう》さんは〝王《おう》さま〟だったのです。

夜《よる》は、かたづけをすますと、マリアとレオニアはぬいものをしたり、絵《え》のじょうずなポリナは、セリナに絵《え》を教《おし》えたりしながら、お父《とう》さんが、テレジアに読《よ》んでやるお話《はなし》に耳《みみ》をかたむけます。みんなで、チェスやダイヤモンドゲームをすることもありました。

お父《とう》さんは、すっかり仕事《しごと》から手《て》をひいて、むすめたちの教育《きょういく》と、祈《いの》りや読書《どくしょ》にすごしました。〝見《み》はらし台《だい》〟と名《な》づけたへやで、むすめたちと話《はな》しあったり、ロザリオ（聖母《せいぼ》マリアの助《たす》けをかりて祈《いの》るときに使《つか》う、たまをつなぎあわせたもの）を手《て》に、庭《にわ》の小道《こみち》をゆっくりといったりきたりするお父《とう》さんのすがたが見《み》られました。散歩《さんぽ》のとちゅうで教会《きょうかい》に立《た》ちよることも、お父《とう》さんの日課《にっか》でした。

毎朝六時《まいあさろくじ》には、家族《かぞく》そろって近《ちか》くの教会《きょうかい》のごミサにいきます。一日《いちにち》は、祈《いの》りで始《はじ》まり、祈《いの》りでとじられました。

日曜日《にちようび》になると、テレジアはお父《とう》さんのそばで、ながいお説教《せっきょう》をいっしょうけんめいに聞《き》きました。いみがわからなくても、いっしんに耳《みみ》をかたむけるすがたはかわいらしいものでした。ときたまながすぎるお説教《せっきょう》には、さすがのおちびちゃんもへいこうして、

「きょうは、よいお説教《せっきょう》だったわ。だけど、ちょっとながすぎたわ。」

とまじめな顔《かお》でいって、お父《とう》さんを苦笑《くしょう》させるのでした。

マルタン家《け》の人《ひと》びとは、神父《しんぷ》さまをとてもそんけいしていました。神父《しんぷ》さまは、神《かみ》さまからとくべつにたいせつな役《やく》めをあたえられているのです。ですから、神父《しんぷ》さまのために祈《いの》ったり、教会《きょうかい》のお手伝《てつだ》いをすることは、マルタン家《け》の人《ひと》びとのたのしみであり、ほこりでした。

このように〝神《かみ》さまの家《いえ》（教会《きょうかい》）〟をたいせつに思《おも》う心《こころ》を、神《かみ》さまは祝福《しゅくふく》なさったのです。ひとりひとりの心《こころ》には、神《かみ》さまへの愛《あい》がしっかりと育《そだ》っていきました。

〝神《かみ》さまをおよろこばせするために〟セリナもテレジアも、いやなことをよろこんでささげる競争《きょうそう》をするほどでした。この競争《きょうそう》には、みんなが力《ちから》をかしました。

外《そと》で遊《あそ》んで、顔《かお》をまっ赤《か》にして走《はし》ってくるなり、

「お水《みず》をちょうだい！」

とさけぶテレジアに、小《ちい》さいママは、

「すぐのんではだめよ。神《かみ》さまに、ちょっ

とがまんをおささげしてね。」

というぐあいでした。

このような小《ちい》さながまんをささげるぎせいは、テレジアの心《こころ》を、いっそうゆたかに成長《せいちょう》させていきました。それはしぜんに、わすれられている人《ひと》、こまっている人《ひと》、苦《くる》しんでいる人《ひと》への思《おも》いやりの心《こころ》となってあらわれました。

まだお母《かあ》さんが元気《げんき》だったときから、毎週月曜日《まいしゅうげつようび》には、子《こ》どもたちが出《だ》しあったおこづかいに、お父《とう》さんがいくらかたしてくれるお金《かね》と、家族《かぞく》の食事《しょくじ》の中《なか》からとっておいた食《た》べ物《もの》を、まずしい人《ひと》たちにくばるしゅうかんがありました。

アランソンに住《す》んでいたころと同《おな》じように、リジューにこしてきてからも、お父《とう》さんは何人《なんにん》かの気《き》のどくな人《ひと》たちのめんどうをみていました。

むすめたちも、お父《とう》さんにまけてはいません。テレジアとセリナは、お父《とう》さんといっしょに出《で》かけていって、子《こ》どものせわをしたり、神《かみ》さまのお話《はなし》をして聞《き》かせました。

人《ひと》いちばいにんたいづよいレオニアは、ながいあいだ病人《びょうにん》のせわをよくしました。下着《したぎ》をかえたり、せんたくをしたり、からだをふいてあげたりしただけでなく、病《びょう》人《にん》がなくなったときは、お墓《はか》までついていったのでした。

お母《かあ》さんを失《うしな》ったかなしみは消《き》え去《さ》らなくても、やさしいお父《とう》さんとお姉《ねえ》さんたちにかこまれて、小《ちい》さな花《はな》はすくすくと成長《せいちょう》していきました。

わたしの王《おう》さま

テレジアにとって、お父《とう》さんはまったく〝王《おう》さま〟でした。

お父《とう》さんが話《はな》すのを、感心《かんしん》しきって聞《き》いていたテレジアは、こうふんしていいました。

「お父《とう》さまが、いまのようにフランスの政治家《せいじか》たちにお話《はな》しになったら、あの人《ひと》たちはきっと、お父《とう》さまを王《おう》さまにしてしまうにちがいないわ。そうしたら、フランスは、いままでより、もっとしあわせになれるわ！」

それから、すぐ心配《しんぱい》そうに声《こえ》をひそめて、

「でも、そうなったら、お父《とう》さまは、不幸《ふこう》になっておしまいになるわね。どんな王《おう》さまだって、みんな不幸《ふこう》になってしまったのですもの。それに、もう、わたしだけの〝王《おう》さま〟でなくなってしまうでしょう。だから、やっぱり、だれもお父《とう》さまを知《し》らないほうがいいわ。」

というのでした。

ある日《ひ》、お父《とう》さんがはしごの上《うえ》で仕事《しごと》をしていると、テレジアが、すぐ足《あし》のところまでのぼってきました。おどろいたお父《とう》さんが、

「〝女王《じょおう》さま〟もっとはなれていなさい。もしもはしごがたおれたら、わたしにつぶされてしまうよ。」

といっても、おちびちゃんは動《うご》こうともしないで、
――はしごがたおれても、わたしはしあわせよ。下《した》じきになって、先《さき》にわたしが死《し》ねば〝わたしの王《おう》さま〞が死《し》ぬのを見《み》なくてすむのですもの――と思《おも》っていたのでした。

テレジアが七歳《ななさい》のときのこと。お父《とう》さんは用事《ようじ》で、アランソンにいっていてるすでした。テレジアは〝見《み》はらし台《だい》〞にすわり、真夏《まなつ》の太陽《たいよう》をいっぱいあびて、まぶしくかがやいているけしきをながめていました。

鼻《はな》をそっとくすぐる草《くさ》のかおり、みどりの林《はやし》から聞《き》こえてくる小鳥《ことり》の合唱《がっしょう》、ほほをなでるそよ風《かぜ》。すべてが、なんとここちよいのでしょう。全身《ぜんしん》で神《かみ》さまを感《かん》じながら、テレジアの心《こころ》は、平和《へいわ》とよろこびにつつまれていました。

とつぜん、テレジアの目《め》の前《まえ》を、男《おとこ》の人《ひと》が歩《ある》いていきます。お父《とう》さんそっくりですが、もっと年《とし》をとって見《み》えます。背《せ》をまるくして、頭《あたま》をぬのでおおっているので、

だれなのかわかりません。

テレジアはおそろしくなって、身《み》ぶるいしてさけびました。

「お父《とう》さま、お父《とう》さま！」

ところが、男《おとこ》の人《ひと》はなにも聞《き》こえないようすで、ふりむきもせず、林《はやし》の中《なか》にすがたを消《け》しました。テレジアは、その場《ば》にくぎづけになったまま、男《おとこ》の人《ひと》が消《き》えていったところを、じっと見《み》つめていました。

テレジアのただならないさけび声《ごえ》を聞《き》きつけて、お姉《ねえ》さんたちがとんできました。

「どうしたの、テレジア。お父《とう》さまは、いまアランソンにいらしておるすだって知《し》っているでしょう。」

けれども、青《あお》ざめてふるえているテレジアを見《み》て、お姉《ねえ》さんたちも心配《しんぱい》になり、庭《にわ》をあちこちさがしました。ふしぎな人《ひと》は、どこにも見《み》あたりませんでした。

「テレジア、もうわすれなさい。ゆめかもしれないでしょう。考《かんが》えすぎてはいけないわ。お父《とう》さまがお帰《かえ》りになったら、すっかりわかるでしょう。」

お姉《ねえ》さんたちが、いくらこういっても、ふしぎなすがたは、テレジアの心《こころ》に焼《や》きついていて、消《け》すことができません。たしかに、はっきり見《み》たのですもの。アランソンから帰《かえ》ったお父《とう》さんにも、テレジアを安心《あんしん》させることはできませんでした。

何年《なんねん》かのちに、テレジアのだいじな〝王《おう》さま〟が、とくべつな病気《びょうき》になったとき、はじめて、テレジアが見《み》たふしぎなすがたのなぞがとけたのでした。

考《かんが》えます　神《かみ》さまのことを

まだ、したもまわらないうちから、セリナの勉強《べんきょう》をまねて、なんでもおぼえていったテレジアは、八歳《はっさい》になると、ベネディクト会《かい》のシスターの学校《がっこう》にいきはじめまし

た。

それまで、ゲラン家《け》のいとこのマリアやジャンヌが遊《あそ》び友《とも》だちでしたが、こんどは学校《がっこう》の友《とも》だちもできるはずでした。

ところが、テレジアは勉強《べんきょう》がよくできたので、二年生《にねんせい》に編入《へんにゅう》されて、大《おお》きい生徒《せいと》の中《なか》にいれられてしまいました。先生《せんせい》はよくしてくださるのですが、勉強《べんきょう》ぎらいの生徒《せいと》たちは、いろいろいじわるをして、テレジアを苦《くる》しめました。

友《とも》だちができるどころか、テレジアはますます、ひっこみじあんになってしまったのです。休《やす》み時間《じかん》には、ひとりで小鳥《ことり》のお墓《はか》を作《つく》ったり、木《き》の葉《は》を集《あつ》めたり、考《かんが》えごとをしてすごすようになりました。

もともと、ひとりで考《かんが》えることはすきでしたから、休《やす》み時間《じかん》は、たいくつではありません。

うちにいるときも、カーテンのかげにすわって考《かんが》えごとをしていることがありました。

「ひとりでなにをしているの？」

とたずねられると、

「考《かんが》えます。神《かみ》さまのこと、天国《てんごく》のこと、世界《せかい》がすぎてゆくこと、人《ひと》の一生《いっしょう》がすぐ終《お》わること、など。」

と答《こた》えました。

書《か》き取《と》りや、暗《あん》しょうがよくできたごほうびに、金紙《きんがみ》や銀紙《ぎんがみ》のメダルを首《くび》にかけてもらって、むじゃきにおおよろこびする、愛《あい》らしい少女《しょうじょ》の心《こころ》は、思《おも》いもよらない大《おお》きなことに向《む》かって開《ひら》いていたのです。

毎日《まいにち》、学校《がっこう》がひけるころ、お父《とう》さんは校門《こうもん》までむかえにきてくれました。お父《とう》さんのすがたを見《み》ると、テレジアは、一日《いちにち》のかなしみや心配《しんぱい》ごと、そっと流《なが》したなみだをすっかりわすれて〝王《おう》さま〟のうでの中《なか》にとびこんでいきました。そして、その日《ひ》のできごとをうれしそうに話《はな》しました。

金《きん》や銀《ぎん》のメダルは〝王《おう》さま〟へのすてきなプレゼントです。お父《とう》さんのごほうびは、メダルのかわりに銀貨《ぎんか》でした。この銀貨《ぎんか》は、たいせつに貯金箱《ちょきんばこ》にいれられて、月曜日《げつようび》になるとこまっている人《ひと》たちにくばられるのです。けれども、テレジアにとっていちばんのごほうびは、お父《とう》さんのあたたかい笑顔《えがお》でした。

ところが、まもなくテレジアは、このだいすきなお父《とう》さんの顔《かお》を見分《みわ》けることさえできないほどになってしまいました。テレジアは、大《おお》きなかなしみで、病気《びょうき》になってしまったのです。

大《おお》きなかなしみ――それは、お母《かあ》さんがなくなってから、ずっとテレジアの〝小《ちい》さいママ〟だったポリナが、リジューのカルメル会修道院《かいしゅうどういん》にはいるために、いってしまったことです。

テレジアは、またお母《かあ》さんなし子《ご》になりました。マリアがいるとはいっても、マリアもまもなくカルメル会《かい》にいくことになっていましたから。

それほどまでにお姉《ねえ》さんたちをひきつけたカルメル会《かい》とは、どんなところでしょう。かわいい妹《いもうと》たちや、あたたかい家庭《かてい》をあとにして、一生《いっしょう》をその中《なか》ですごすという修道院《しゅうどういん》の生活《せいかつ》の、どこがそんなにいいのでしょう。

あらしの夜《よる》

ある日《ひ》、ポリナはテレジアをだきよせて、一《ひと》つのひみつを話《はな》してくれました。それは、ポリナが心《こころ》の中《なか》に聞《き》いた神《かみ》さまのよびかけでした。ずっとまえから、ポリナはこのよびかけに耳《みみ》をすましていたのです。

神《かみ》さまは、ポリナをよんでいらっしゃるのです。どこへ？ もっと近《ちか》くへと。なんとすばらしいことでしょう。小《ちい》さいときから、神《かみ》さまを、およろこばせすることを教《おし》えられ、うれしいときもかなしいときも、まっ先《さき》に神《かみ》さまのもとにかけよって、神《かみ》さまにたよって大《おお》きくなったテレジアには、ポリナのいうことがよくわかりました。そして、ポリナが受《う》けたおまねきが、どんなにすばらしいことなのか、ということも、よくわかりました。

世界一《せかいいち》の王子《おうじ》さまの求婚《きゅうこん》よりも、もっとすばらしいことです。いいえ、そんなことは、くらべものになりません。神《かみ》さまは、世界《せかい》のつくり主《ぬし》でいらっしゃり、全世《ぜんせ》界《かい》は神《かみ》さまのものなのですから。

ポリナが、この神《かみ》さまによばれてカルメル会《かい》にいくことを、よろこばなければならないとわかっていても、あまりにも深《ふか》くポリナに結《むす》ばれていたテレジアの心《こころ》は、ポリナとのわかれに、血《ち》を流《なが》すほど苦《くる》しんだのです。

ある日《ひ》、ひどい頭痛《ずつう》と高《たか》い熱《ねつ》がテレジアをおそいました。ゲランおじさんもおばさんもかけつけてきて、夜《よる》じゅうつきそってせわをしました。

はげしいけいれん、うわごとを口《くち》ばしったり、ときには身動《みうご》きもできないほどのおそれにとらえられたり、まるで気《き》がくるってしまったのかと思《おも》われるほどの苦《くる》しみがつづきました。

お医者《いしゃ》さまも、首《くび》をかしげるばかりです。お父《とう》さんが手《て》にもっていたぼうしにおびえて、大声《おおごえ》をあげてかべのほうを向《む》いてしまったこともありました。あわれなお父《とう》さんは〝女王《じょおう》さま〟に近《ちか》づくこともできずに、ただなみだを流《なが》して、へやから出《で》ていくほかありませんでした。

みんなが、心《こころ》をつくし、手《て》をつくして看病《かんびょう》してもなお、小《ちい》さな花《はな》は、ふしぎな、おそろしい力《ちから》が支配《しはい》するあらしの中《なか》で、ひきちぎられてしまうかのようでした。それは、あまりにもひどい、みじめなことです。みんなはいっそう熱心《ねっしん》に神《かみ》さまのお助《たす》けを祈《いの》りつづけました。

お父《とう》さんは、パリの勝利《しょうり》の聖母《せいぼ》マリア大聖堂《だいせいどう》で、テレジアのために、とくに九日《ここのか》間《かん》のミサをささげてくれるように、おねがいの手紙《てがみ》を出《だ》しました。

パリとビュイソンネからのぼる力強《ちからづよ》い祈《いの》りが、天《てん》にとどかないはずはありません。九日間《ここのかかん》のある日《ひ》、マリアとレオニアとセリナが、いつものようにテレジアのベッドのそばに置《お》かれた聖母《せいぼ》マリアの像《ぞう》の前《まえ》で、祈《いの》っていました。

静《しず》かなひととき、テレジアの心《こころ》も、祈《いの》っているお姉《ねえ》さんたちの心《こころ》と一《ひと》つにとけあいました。

ふと、テレジアは、聖母《せいぼ》が美《うつく》しくかがやくほほえみをうかべて、自分《じぶん》に近《ちか》づいたと感《かん》じました。その、あたたかいほほえみが、テレジアの心《こころ》にしみとおっていきました。急《きゅう》に心《こころ》がかるくなってゆくのがわかりました。そして、テレジアをしばっていたあらゆる苦《くる》しみが消《き》えて、こころよいなみだがほほを流《なが》れていました。

テレジアはなおっていたのです。

初聖体《はっせいたい》

その年《とし》の夏休《なつやす》みを、みんなは、なつかしいアランソンですごしました。マルタン家《け》をよく知《し》っている人《ひと》びとが、やさしくむかえてくれました。生《う》まれ育《そだ》ったアラン

ソンの空気《くうき》や、幼《おさな》い心《こころ》にきざみこまれたなつかしい風景《ふうけい》が、テレジアの心《こころ》とからだを、なぐさめ、いやしてくれました。

こうして十月《じゅうがつ》には、またシスターの学校《がっこう》へもどることができるまでに、元気《げんき》になりました。

テレジアは十歳《じゅっさい》になっていました。初聖体《はっせいたい》（洗礼《せんれい》を受《う》けた人《ひと》が、はじめてパンの形《かたち》の中《なか》におられるキリストさまをいただくこと）の準備《じゅんび》をしなければなりません。ずっとまえから、この日《ひ》のくるのをたのしみに待《ま》っていたのです。

毎晩《まいばん》、マリアが、キリストさまをおむかえする準備《じゅんび》を手伝《てつだ》ってくれました。マリアはすばらしい先生《せんせい》でした。どんなに小《ちい》さいことも神《かみ》さまへのささげものとすることができることを知《し》っていて、テレジアにも、神《かみ》さまにささげるよろこびを、熱心《ねっしん》に教《おし》えてくれました。

忠実《ちゅうじつ》な生徒《せいと》は、ポリナが修道院《しゅうどういん》から送《おく》ってくれた小《ちい》さいノートに、神《かみ》さまへの、愛《あい》のしるしを書《か》きこんでいきました。

そのノートには、わがままをいいたいときにがまんしたり、ほしい物《もの》をほかの人《ひと》にゆずったり、人《ひと》に知《し》られずにしたよいことや、祈《いの》りを、さまざまな花《はな》の名《な》でるしてゆくのです。それはちょうど、小《ちい》さいときからテレジアのよろこびだった、神《かみ》さまにだけ見《み》える花《はな》たばを作《つく》ることでした。

準備《じゅんび》の三《さん》か月間《げっかん》、テレジアは熱心《ねっしん》に花《はな》たばをささげました。最後《さいご》の一週間《いっしゅうかん》は、学《がっ》校《こう》の寄宿舎《きしゅくしゃ》で、シスターたちのしどうのもとに、ちんもくと祈《いの》りですごしました。神父《しんぷ》さまのお説教《せっきょう》を聞《き》いたり、神《かみ》さまとの親《した》しい語《かた》りあいの中《なか》で、心《こころ》にわきおこる深《ふか》いよろこびは、初聖体《はっせいたい》の日《ひ》に最高《さいこう》になりました。

その日《ひ》、雪《ゆき》のように白《しろ》いドレス、ばらの花《はな》のかんむりと、レースのながいベールにつつまれたテレジアは、人《ひと》びとからおいわいのことばをあびせられて、天使《てんし》のようにかがやいて見《み》えました。

けれども、なによりもいちばんすばらしいことは、人《ひと》の目《め》には見《み》えないことです。

はじめて心《こころ》に受《う》けた、神《かみ》さまの愛《あい》のキスです。

テレジアは、深《ふか》く愛《あい》してくださる神さまに、小《ちい》さいときから、お母《かあ》さんに教《おし》えられてささげてきた祈《いの》りを、心《こころ》からくりかえしました。

「神《かみ》さま、あなたにわたしの心《こころ》を全部《ぜんぶ》さしあげます。どうぞわたしを受《う》けとってください。どんなものも、わたしの心《こころ》をあなたからそらすことがないように、神《かみ》さま、あなただけが、わたしの心《こころ》をすっかりせんりょうしてください。」

神《かみ》さまに愛《あい》されているよろこびを、だれがうまくいいあらわすことができるでしょう。

神《かみ》さまの心《こころ》ととけあって、一《ひと》つになったかんげきは、あまりにも大《おお》きかったので、よろこびのなみだがばら色《いろ》のほほをぬらしました。

「どうしてないているの？ なにがかなしいの？ お母《かあ》さまがいないから？」

心配《しんぱい》してたずねる人《ひと》たちに、テレジアはなみだの目《め》でにっこりとほほえみかえしました。

「あんまりうれしいからよ。神《かみ》さまといっしょに、お母《かあ》さまもきてくださいました。わたしの中《なか》に天国《てんごく》があるのですもの。」

ほんとうに、テレジアはお母《かあ》さんを身近《みぢか》に感《かん》じて、さびしくありませんでした。

そしてまた、あのおそろしい病気《びょうき》のときに、テレジアにほほえみかけた聖母《せいぼ》の、とくべつなほほえみも思《おも》い出《だ》していました。

お父《とう》さんは〝女王《じょおう》さま〟を、ポリナのいるカルメル会《かい》の修道院《しゅうどういん》につれていきました。この日《ひ》、ポリナは、キリストさまの花《はな》よめとなるちかいを立《た》てたのです。

テレジアとポリナの二《ふた》つのベールがいっしょになって、そのベールの中《なか》で、同《おな》じ天国《てんごく》のよろこびが、二《ふた》つの心《こころ》をふるわせました。

テレジアもいままでは、ポリナがカルメル会《かい》にいることを、すなおによろこべるようになっていました。そして、

――わたしも、かならずカルメル会《かい》にくるわ。カルメルは、神《かみ》さまがわたしをすっぽりとつつんでくださるさばくのよう。ここにいれば、わたしはすっかり神《かみ》さまのものになることができるのだから――と、小《ちい》さいむねにちかいました。

苦《くる》しみのはてに

初聖体《はっせいたい》の日《ひ》から、テレジアには、キリストさまとの新《あたら》しい関係《かんけい》が生《う》まれました。そして、もっともっとお愛《あい》ししたいという望《のぞ》みは、強《つよ》くなる一方《いっぽう》でした。ところが、このことがかえって、デリケートなテレジアの心《こころ》の、心配《しんぱい》のたねになりました。

——わたしは、もっとよくしたいのに、なまけ者《もの》で、ちっともよいことをしていないような気《き》がする——。

——わたしのしたことは、これでいいのかしら。わがままだったのではないかしら——。

というように、なにをしても、悪《わる》いことをしてしまうのではないか、という心配《しんぱい》で、心《こころ》が休《やす》まらないのです。

小《ちい》さいときは、あんなに快活《かいかつ》でおちゃめだったテレジアは、お母《かあ》さんがなくなったときから、さまざまなかなしみや苦《くる》しみにあって、心《こころ》が弱《よわ》くなったのです。そしてまた、いまは、心《こころ》とからだが成長《せいちょう》してゆくとちゅうの、不安《ふあん》な日々《ひび》をおくっていました。

やさしいお父《とう》さん、お姉《ねえ》さんたちにかこまれていても、まえよりもっと感《かん》じやすく、ちょっとしたことでワッとなきだしたり、ないたといってはまたないたり、くよくよ考《かんが》えたりするようになったのです。

この苦《くる》しみをやわらげるただ一《ひと》つの道《みち》は、マリアになんでもうちあけて、苦《くる》しみを聞《き》いてもらうことでした。マリアは、同《おな》じことを何度《なんど》でもしんぼう強《づよ》く聞《き》いてくれました。そして、なぐさめたり力《ちから》づけたりして、テレジアの心配《しんぱい》をはらいのけてくれるのでした。

このように、心《こころ》の心配《しんぱい》がつづくと、からだまで弱《よわ》ってしまいます。お父《とう》さんは、テレジアの健康《けんこう》をあやぶんで、学校《がっこう》をやめさせ、かわりに、ミス・パピノワという年《とし》とった女《おんな》の先生《せんせい》のうちで勉強《べんきょう》をつづけさせました。

先生《せんせい》のうちには、先生《せんせい》のお母《かあ》さんと大《おお》きなねこもいました。ねこはわがもの顔《がお》にのし歩《ある》いていて、テレジアの、ひろげたノートの上《うえ》にどっかりとすわって、のどをゴロゴロならしたりしました。

先生《せんせい》はテレジアを家族《かぞく》のようにしてくれました。先生《せんせい》にお客《きゃく》さまがあるときは、応接間《おうせつま》のすみで、本《ほん》を見《み》ながら待《ま》っていなければなりませんでした。

そんなとき、耳《みみ》にはいってくるお客《きゃく》さまの会話《かいわ》が、また、テレジアの心配《しんぱい》のたねなのです。

「なんとかわいいおじょうさんでしょう。」

とか、

「あのすてきなブロンドのおじょうさんは、だれですか。」

などと話《はな》しあっているのを聞《き》いて、テレジアは、心《こころ》の中《なか》でたのしんでいました。むりもないことです。十三歳《じゅうさんさい》の少女《しょうじょ》が、かわいいといわれてうれしくないはずがありません。けれども、心《こころ》はたちまち心配《しんぱい》の雲《くも》でおおわれてしまうのです。

——ほめられて、わたしはいい気《き》になっている。わたしはなんてみえっぱりかしら。かわいいのも美《うつく》しいかみも、みんな神《かみ》さまがくださったことなのに、まるで自《じ》分《ぶん》がほめられているみたいに、とくいになるなんて——。

たしかに、テレジアの考《かんが》えは正《ただ》しいのです。けれども、テレジアは、心配《しんぱい》しすぎるのです。テレジアはうちに帰《かえ》って、さっそくマリアに助《たす》けを求《もと》めるのでした。このような心配《しんぱい》と苦《くる》しみは、いったいいつまでつづくのでしょう。

ところが、まえから予定《よてい》していた日《ひ》に、マリアはポリナのいるカルメル会《かい》にいってしまいました。同《おな》じ日《ひ》に、レオニアも、クララ会《かい》の修道院《しゅうどういん》にいってしまいました。うちの中《なか》が、急《きゅう》にからっぽになったような気《き》がします。十七歳《じゅうななさい》のセリナが、お父《とう》さんを助《たす》けて、勇《いさ》ましくお母《かあ》さんの役《やく》めをひきうけました。

それにしても、マリアの助《たす》けが必要《ひつよう》だったテレジアをおいて、どうしてマリアはいってしまったのでしょう。

マリアは、神《かみ》さまが、もっとよくしてくださる、と知《し》っていたのかもしれません。ほんとうにそのとおりでした。テレジアはなくことをやめました。自分《じぶん》を助《たす》けてくれる人《ひと》が、いつまでも自分《じぶん》のそばにいてくれるわけではない、とはっきり気《き》がついたのです。そして、心《こころ》を天《てん》に向《む》けました。神《かみ》さまといっしょに終《お》わることのないしあわせの中《なか》にいる、お母《かあ》さんと四人《よにん》のお兄《にい》さんお姉《ねえ》さんたちに。

答《こた》えはすぐにきました。テレジアの心《こころ》を、こころよい風《かぜ》が、さっとふきぬけて、心配《しんぱい》の雲《くも》をふきはらいました。

「神《かみ》さまにたよりましょう。神《かみ》さまは、なんでもごぞんじで、いちばんよくしてくださるのですから、なにを心配《しんぱい》することがあるでしょうか。なにも心配《しんぱい》しないで、安心《あんしん》してすっかりおまかせしましょうね。」

何度《なんど》も聞《き》いたマリアのことばが、いまは、はっきりわかります。ながいトンネルのような日々《ひび》は、むだではありませんでした。神《かみ》さまに信頼《しんらい》して、すっかりおまかせするための、ながい準備《じゅんび》だったのですから。

3 第《だい》二《に》のたんじょう

最初《さいしょ》の子《こ》ども

クリスマスの夜《よる》、お父《とう》さんが、

「もうすぐテレジアは十四歳《じゅうよんさい》になるのだから、この子《こ》どもっぽいプレゼントのしかたは、ことしで終《お》わりにしよう。」

といっているのを、テレジアは聞《き》いてしまいました。たのしみにしていた、うれしいプレゼントでしたのに。

いままでのテレジアなら、これを聞《き》いただけで、すぐかなしみにつつまれてなきだしていたでしょう。けれどもいまのテレジアはちがっていました。なにも聞《き》こえなかったかのように、お父《とう》さんの前《まえ》にすわって、たのしそうにくつ下《した》の中《なか》から、か

わいいプレゼントを一《ひと》つ一《ひと》つとりだしました。

テレジアの心《こころ》は、すっかり強《つよ》くなっていました。四歳半《よんさいはん》のとき、お母《かあ》さんの死《し》といっしょに失《うしな》ってしまった、ほがらかさ、心《こころ》の強《つよ》さは、いまキリストさまからのプレゼントとなって、テレジアにもどってきたのです。

きょくたんな感《かん》じやすさは、もうテレジアをひどく苦《くる》しめることはないでしょう。

ある日曜日《にちようび》のごミサのあと、お祈《いの》りの本《ほん》の間《あいだ》から、半分《はんぶん》はみだしているカードを見《み》て、テレジアはかみなりに打《う》たれたような、強《つよ》い感《かん》じを受《う》けました。それは、十字架《じゅうじか》にくぎづけられたキリストさまの手《て》から、血《ち》が地面《じめん》にしたたっている絵《え》でした。

キリストさまの、とうとい血《ち》が、こんなにむだに流《なが》されている!

と感《かん》じた、テレジアのやさしい心《こころ》は、すぐに決心《けっしん》したのです。

——わたしがこの血《ち》を受《う》けとめましょう。キリストさまに救《すく》っていただかなければならないみんなに、分《わ》けてあげられるように。——

このときテレジアは、自分《じぶん》が生《う》まれてきたわけが、はっきりわかりました。

「そうだわ。わたしはキリストさまのおそばにいて、みんなにキリストさまの愛《あい》をはこぶ役《やく》めをしましょう。わたしも、キリストさまと同《おな》じ心《こころ》にならなくては……。」

テレジアのほかだれも知《し》らないこの決心《けっしん》は、心《こころ》の中《なか》をよくごぞんじの神《かみ》さまの、お気《き》にめしたのです。すぐに神《かみ》さまは、その仕事《しごと》をテレジアにおたのみになりました。

ある日《ひ》、新聞《しんぶん》に、プランジーニという男《おとこ》が死刑《しけい》にされることがきまった、という記事《きじ》が出《で》ました。この男《おとこ》は、金庫《きんこ》やぶりのおおどろぼうで、十一歳《じゅういっさい》の少女《しょうじょ》のほかに、ふたりの人《ひと》を殺《ころ》した犯人《はんにん》でした。

プランジーニは、死刑《しけい》ときまっても、あいかわらず刑務所《けいむしょ》の中《なか》で、ふまじめな生《せい》活《かつ》をやめないのです。どんなに悪《わる》いことをしても、悪《わる》かったと気《き》がついて心《こころ》を改《あらた》めるなら、たとえ死刑《しけい》になっても、神《かみ》さまはゆるしてくださるのに。そして、プランジーニも、お父《とう》さんやお母《かあ》さんのいる天国《てんごく》に、むかえていただけるのに。ところがプランジーニは、悪《わる》い心《こころ》のままで死《し》ぬことを、なんとも思《おも》っていないようでした。

テレジアは、このがんこであわれな男《おとこ》のために祈《いの》りました。祈《いの》るだけでなく、ゆるしていただけるよう、プランジーニにかわって、ぎせいの花《はな》たばをささげました。

「神《かみ》さま、かわいそうなプランジーニを救《すく》ってください。死《し》ぬまえに心《こころ》を改《あらた》めて、あなたのおゆるしがいただけるよう、おめぐみください。悪《わる》い心《こころ》のままで死《し》んでしまわないように。」

そして、プランジーニが心《こころ》を改《あらた》めたしるしを見《み》せてください、とおねがいしてい

ました。

何週間《なんしゅうかん》かすぎたある日《ひ》、新聞《しんぶん》にプランジーニの死刑《しけい》のもようが報道《ほうどう》されました。

プランジーニは、死刑台《しけいだい》に向《む》かって歩《ある》いているとき、いっしゅん、ふいに立《た》ちどまり、司祭《しさい》（神父《しんぷ》さま）がさしだす十字架《じゅうじか》にくちづけした……。

テレジアはこの記事《きじ》を読《よ》んで、いそいで自分《じぶん》のへやにかけこみ、思《おも》いきりなきました。プランジーニは、最後《さいご》のときになって、とうとう神《かみ》さまにもどったのです。

神《かみ》さまは、このことをテレジアに知《し》らせてくださったのです。

だれからも、きらわれ、おそれられ、見《み》すてられたあわれなプランジーニを、テレジアは、お母《かあ》さんのように、神《かみ》さまにおねがいしてつれもどしたのです。

テレジアの心《こころ》は、大《おお》きくひろがりました。プランジーニのように、悪《わる》いことをして、人《ひと》からきらわれ、神《かみ》さまからもはなれてしまった人《ひと》たちが、まだどこかにいるかもしれません。みんなにおそれられ、わすれられてしまった人《ひと》たちのために、もっともっと働《はたら》きたい、と思《おも》うようになりました。

カルメル会《かい》にいれてください

——人《ひと》からわすれられた、気《き》のどくな人《ひと》たちや、神《かみ》さまからはなれて、平気《へいき》で生《い》きている人《ひと》たちのために働《はたら》きたい。神《かみ》さまの愛《あい》を知《し》らせたい。そのためには、しっかり勉強《べんきょう》しなくては——。

こう考《かんが》えたテレジアは、いままでにないほどはりきって勉強《べんきょう》しはじめました。まえに、ポリナが絵《え》をかいていた屋根《やね》うらべやに、つくえや本《ほん》をはこびいれて、そこで何時間《なんじかん》も勉強《べんきょう》したり、考《かんが》えたり、祈《いの》ったりしました。パピノワ先生《せんせい》の勉強《べんきょう》では、もう、ものたりなくなりました。

テレジアは、科学《かがく》と歴史《れきし》がとくにすきで、たくさん本《ほん》を読《よ》みました。が、なによりも、魂《たましい》のうえをみたす真理《しんり》をもとめていたのです。

有名《ゆうめい》な『キリストにならって』という本《ほん》はだいのお気《き》にいりで、いつもポケットにいれていて、暗記《あんき》してしまうほど、くりかえして読《よ》みました。

まだテレジアにはむずかしい、と思《おも》われる本《ほん》でも、お父《とう》さんからかりて、むちゅうで読《よ》みました。その本《ほん》は、神《かみ》さまが、ご自分《じぶん》に忠実《ちゅうじつ》だった人《ひと》たちに、どんなにやさしくしてくださり、すばらしくおむくいになるか、ということを教《おし》えてくれました。テレジアは、神《かみ》さまを愛《あい》する心《こころ》をもえたたせてくれることばをうつして、何度《なんど》も読《よ》みかえしました。

すばらしい、大《おお》きな理想《りそう》にもえているテレジアの心《こころ》は、ポリナとマリアがいるカルメル会《かい》にはいって、神《かみ》さまに一生《いっしょう》をおささげしたい、という強《つよ》い望《のぞ》みでいっぱいになっていました。

神《かみ》さまは、テレジアもカルメルによんでいらっしゃるのです。ポリナがカルメル会《かい》にはいったときから、テレジアの心《こころ》にすこしずつ芽《め》ばえて育《そだ》ってきた、カルメルへのあこがれは、もう消《け》すことができないほどに大《おお》きくなったのです。

この神《かみ》さまのおまねきを、お父《とう》さんに、どううちあけたらいいのでしょう。

このごろ、お父《とう》さんは病気《びょうき》がちで、休《やす》んだりおきたりしています。このようなときに、神《かみ》さまのお望《のぞ》みを、どうお父《とう》さんに話《はな》したらいいのでしょう。

テレジアは、ながいこと考《かんが》えて、祈《いの》りました。聖母《せいぼ》マリアのお助《たす》けを、熱心《ねっしん》にもとめました。そして五月《ごがつ》のある日《ひ》、ばらの花《はな》のかおりがただよう庭《にわ》で、美《うつく》しい夕《ゆう》ぐれの空《そら》をながめているお父《とう》さんに、心《こころ》のひみつをうちあけたのでした。

そのときのお父《とう》さんのことばを、おぼえているでしょう。そうです。お父《とう》さんは、なに一《ひと》つ神《かみ》さまにことわったことはありません。こんどもそうでした。

けれども、ゲランおじさんは大反対《だいはんたい》でした。

「だめだ！　十五歳《じゅうごさい》で修道院《しゅうどういん》にはいろうなんて！　奇跡《きせき》でもおこらないかぎり、そんなばかなことをしてはいけない！」

ところがそのおじさんが、数日《すうじつ》あとに、こういったのです。

「わたしは神《かみ》さまに祈《いの》ったよ。そして、これは神《かみ》さまのお望《のぞ》みだとわかったのだ。おまえは神《かみ》さまに、とくべつに愛《あい》されている小《ちい》さい花《はな》だ。安心《あんしん》していきなさい。わたしはもう反対《はんたい》しないよ。」

なんということでしょう。ゲランおじさんの心《こころ》に、奇跡《きせき》がおこったのです。ところが、もっとやっかいな反対《はんたい》が待《ま》っていました。カルメル会《かい》のいちばん上《うえ》の神父《しんぷ》さまが、

「二十一歳《にじゅういっさい》にならなければ、どんなことがあっても、はいることをゆるさない。」

といったのです。

それでは、おゆるしが出《で》るまで、待《ま》つよりほかないのでしょうか。

テレジアは、神父《しんぷ》さまが、最後《さいご》につけくわえたひとことに、希望《きぼう》をつなぎました。

神父《しんぷ》さまは、

「もし司教《しきょう》さまがおゆるしになったら、わたしもゆるそう。」

といったのです。テレジアは、司教《しきょう》さまのところにつれていってくれるよう、お

父《とう》さんにたのみました。

その日《ひ》はひどい雨《あめ》ふりでした。テレジアは、すこしでもおとなに見《み》えるようにと、はじめてかみを上《うえ》にゆってもらって出《で》かけました。

ウゴナン司教《しきょう》さまは、テレジアのねがいにやさしく耳《みみ》をかたむけてくださいました。それから、おもむろに、

「これはたいせつなことだから、カルメル会《かい》の責任者《せきにんしゃ》の神父《しんぷ》さまと、よく相談《そうだん》しなければならない。」

といわれたとき、もうその答《こた》えを知《し》っていたテレジアは、なきだしてしまいました。

二十一歳《にじゅういっさい》になるまで待《ま》つくらいなら、わざわざここまでやってきはしなかったでしょう。

イタリアへ

それまでだまっていた
お父《とう》さんが、ていねいに
ことばをそえました。
「むすめが、これほどわかい
ときから、神《かみ》さまに一生《いっしょう》を
ささげたいと望《のぞ》んでいることを、
わたしは父親《ちちおや》としてほこりに
思《おも》っております。わたしどもは

近《ちか》いうちに、巡礼団《じゅんれいだん》（宗教上《しゅうきょうじょう》の記念《きねん》の場所《ばしょ》を訪問《ほうもん》してまわるグループ）にくわわって、ローマへまいります。もし、それまでにおゆるしがいただけなければ、むすめは、教皇《きょうこう》さまにおねがいする気持《きも》ちさえももっていると、わたしは知《し》っております。」

お父《とう》さんが、反対《はんたい》するどころか熱心《ねっしん》にテレジアをかばうのを見《み》て、司教《しきょう》さまは感心《かんしん》してしまいました。そして、ないているテレジアをやさしくいたわり、

「あきらめるのはまだはやい。わたしは来週《らいしゅう》リジューにいくので、カルメル会《かい》の責任者《せきにんしゃ》とよく話《はな》してみましょう。巡礼先《じゅんれいさき》のイタリアで、わたしの返事《へんじ》を受《う》けとるでしょう。」

とやくそくしてくださいました。

三日《みっか》ののち、テレジアは、お父《とう》さんとセリナといっしょに、おおぜいのにぎやかな巡礼団《じゅんれいだん》にまじってイタリアに向《む》かいました。

もうどんなことになっても、ただ神《かみ》さまのお望《のぞ》みどおりになるように、と思《おも》うテレジアの心《こころ》は、おちついていました。

巡礼団《じゅんれいだん》をのせた列車《れっしゃ》は、とちゅうパリに立《た》ちよりました。パリ……そこには、すばらしい芸術品《げいじゅつひん》、りっぱな建物《たてもの》がたくさんあります。けれども、有名《ゆうめい》なところよりも、強《つよ》くテレジアの心《こころ》をひっぱるものが、パリにはあります。数年《すうねん》まえ、おそろしい病気《びょうき》のとき、みんなの祈《いの》りに答《こた》えてテレジアにほほえみかけた、勝利《しょうり》の聖母《せいぼ》マリアの大聖堂《だいせいどう》です。

聖母《せいぼ》マリアはテレジアを待《ま》っていてくださって、こんども、そのほほえみはテレジアを勇気《ゆうき》づけました。

この巡礼《じゅんれい》にくわわった、ただ一《ひと》つの目的《もくてき》は、ローマで教皇《きょうこう》さまにお会《あ》いして、カルメル会《かい》にはいるゆるしをいただくことでした。聖母《せいぼ》がこのめぐみを送《おく》ってくださるでしょう。

フランスを出《で》てスイスにはいると、目《め》のさめるような美《うつく》しい山々《やまやま》、谷《たに》をかけくだるたき、まっ青《さお》にすんでいる湖《みずうみ》、深《ふか》い谷《たに》と、絵《え》のような村《むら》の建物《たてもの》などが、心《こころ》をなごませてくれました。テレジアは、心《こころ》の中《なか》で自分《じぶん》にいい聞《き》かせました。

――修道院《しゅうどういん》にはいったら、こんなにひろびろとしたすばらしい自然《しぜん》をもう二度《にど》と見《み》ることはないでしょう。そのとき、いま見《み》ているけしきを思《おも》い出《だ》しましょう。神《かみ》さまをほめたたえている、このすばらしい大自然《だいしぜん》を――。

やがて、イタリアに着《つ》きました。

ミラノ、ベネチア、パドア、ボローニャ……どこへいっても、巡礼団《じゅんれいだん》はあたたかくむかえられました。

茶色《ちゃいろ》のコートと、すてきなふちなしぼうしをかぶり、細《ほそ》い絹糸《きぬいと》のような金髪《きんぱつ》のまき毛《げ》をリボンでとめた、テレジアの愛《あい》らしいすがたは人目《ひとめ》をひきました。

出《で》むかえた、町《まち》の元気《げんき》のよい学生《がくせい》が、テレジアをひょいとだきあげて、みんなの中《なか》を歩《ある》いたり、花売《はなう》りむすめが大《おお》ごえで、

「美《うつく》しいおじょうさん、美《うつく》しいおじょうさん。」

とさけんでついてきたとき、テレジアはおこっているようでした。そのようにおおぜいの人《ひと》にとりかこまれたり、注目《ちゅうもく》されるよりは、そっとしておいてほしいと思《おも》っていましたから。

反対《はんたい》に、テレジアは、自分《じぶん》たちの〝王《おう》さま〟がだれよりもりっぱで、しんせつで、だれからもそんけいされているのを、うれしく思《おも》っていました。

とうとうローマに着《つ》きました。ローマは、どんよりとしたくもり空《ぞら》でしたが、教《きょう》

皇《こう》さまがいらっしゃるローマにとうとうやってきた、というよろこびで、三人《さんにん》の心《こころ》ははずんでいました。ローマには、キリスト教《きょう》の遺跡《いせき》がたくさんあります。はじめの数日《すうじつ》は、この遺跡《いせき》を巡礼《じゅんれい》しました。

おおぜいのキリスト信者《しんじゃ》たちが、自分《じぶん》の信仰《しんこう》を守《まも》って、ライオンやとらに食《く》い殺《ころ》された、コロセオというむかしの円形競技場《えんけいきょうぎじょう》にきたとき、セリナもテレジアも、うれしさでふるえるほどでした。

ガイドの目《め》をぬすんで、石《いし》ころや、くずれたれんがの間《あいだ》をかけおりて、殉教者《じゅんきょうしゃ》（自《じ》分《ぶん》が信《しん》じる信仰《しんこう》を守《まも》るために、自分《じぶん》のいのちをぎせいにした人《ひと》）たちが血《ち》を流《なが》した土《つち》の上《うえ》に、ひざまずいて祈《いの》りました。

「神《かみ》さま、わたしも、あなたのために殉教《じゅんきょう》させてください。」

これは、とっぴな祈《いの》りでしょうか。いまは、もうじゅうに殺《ころ》される殉教《じゅんきょう》はないとしても、神《かみ》さまのために自分《じぶん》のいのちをささげる道《みち》は、ほかにもいろいろあります。テレジアは、この祈《いの》りがきっと聞《き》きいれられると信《しん》じました。

神《かみ》さまがお望《のぞ》みなら

一八八七年《ねん》十一月《じゅういちがつ》二十日《はつか》。

テレジアは、セリナやお父《とう》さんといっしょに、おおぜいの巡礼団《じゅんれいだん》にまじって、教《きょう》皇《こう》さまにお会《あ》いするのを待《ま》っていました。大《おお》きな期待《きたい》に心《こころ》をふるわせて待《ま》っているテレジアには、バチカン宮殿《きゅうでん》のながいろうか、大《おお》きなかざりのついたとびら、りっぱなへやかざり、美《うつく》しいシャンデリアも、なに一《ひと》つ目《め》にはいりません。

教皇《きょうこう》さまは、ごミサのあと席《せき》にお着《つ》きになって巡礼団《じゅんれいだん》をむかえてくださいました。行列《ぎょうれつ》を作《つく》って前《まえ》に進《すす》みでてひざまずくひとりひとりに、手《て》を置《お》いて祝福《しゅくふく》してくださいます。

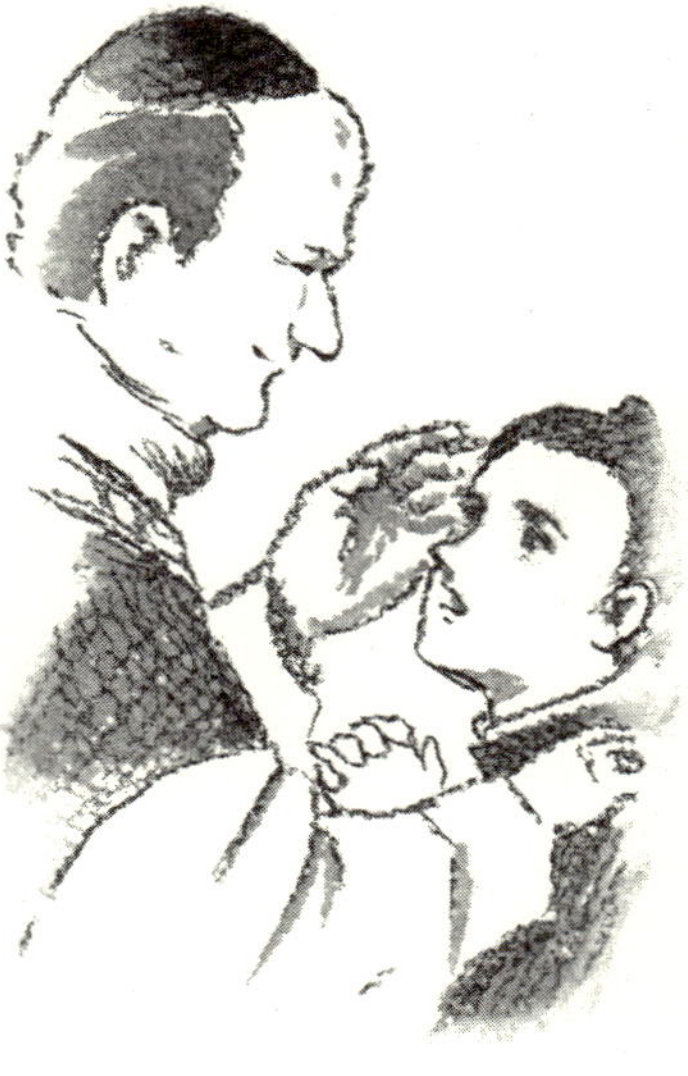

ときどき、おそばの人《ひと》のよくひびく声《こえ》で、

「教皇《きょうこう》さまにお話《はな》し申《もう》しあげることは、えんりょしてください。」

という注意《ちゅうい》がくりかえされます。テレジアが心配《しんぱい》そうにふりむくと、セリナが小《こ》声《ごえ》で、

「お話《はな》しなさい。」

とはげましました。

つぎのしゅんかん、テレジアは、教皇《きょうこう》さまの足元《あしもと》にひざまずいていました。教皇《きょうこう》さまが身《み》をかがめ、手《て》をのばして祝福《しゅくふく》しようとされたとき、テレジアは、目《め》にいっぱいなみだをためて顔《かお》をあげました。

「教皇《きょうこう》さま、とても大《おお》きなおめぐみを、いただきたいのです。」

教皇《きょうこう》さまは、顔《かお》をテレジアに近《ちか》づけて、しみとおるような目《め》でじっとごらんになりました。

「とくべつのおめぐみで、わたしを十五歳《じゅうごさい》でカルメル会《かい》にいれてくださいませ。」

これを聞《き》いて、そばにいた神父《しんぷ》さまが、びっくりして口《くち》をはさみました。

「教皇《きょうこう》さま、これは、カルメル会《かい》にはいりたいといっているむすめです。いま、修《しゅう》道会《どうかい》の責任者《せきにんしゃ》たちが、このねがいを検討中《けんとうちゅう》です。」

ああ、せっかくの望《のぞ》みは、またもや手《て》のとどかないところにいってしまうのでしょうか。

テレジアは、ひっしで教皇《きょうこう》さまのひざに、しっかりと組《く》みあわせた手《て》をのせて、しんけんな目《め》つきでいいました。

「もし、教皇《きょうこう》さまが、よろしいとおっしゃれば、そのとおりになります。」

すると教皇《きょうこう》さまは、ひとこと、ひとことに力《ちから》をこめて、

「そうか、そうか。神《かみ》さまがお望《のぞ》みなら、かならずはいれますよ。」

とおっしゃいました。

テレジアは、もっとはっきりしたお返事《へんじ》がほしかったのですが、教皇《きょうこう》さまが手《て》をあげて祝福《しゅくふく》してくださるあいだに、係《かか》りの人《ひと》にうでをひっぱられて、つれていかれ

てしまいました。教皇《きょうこう》さまは、そのうしろすがたをじっと見《み》ておられました。

テレジアは、かなしみで心《こころ》がつぶれそうでした。教皇《きょうこう》さまは、「十五歳《じゅうごさい》でカルメル会《かい》にはいるゆるしをあげる。」とはおっしゃいませんでした。このゆるしをいただくためにこそ、はるばるローマにやってきたのではありませんか。

お父《とう》さんとセリナがしきりになぐさめても、テレジアの目《め》からは、つぎからつぎになみだがあふれてくるのでした。テレジアは、この苦《くる》しい気持《きも》ちを、リジューの修道院《しゅうどういん》にいるポリナに手紙《てがみ》を書《か》いてうったえました。

ポリナお姉《ねえ》さま。

わたしはまるで、心《こころ》がからっぽになって、ほうりだされたような気持《きも》ちです。お手紙《てがみ》を書《か》きながら、ないています。

でも、神《かみ》さまは、この苦《くる》しみにまけない力《ちから》をあたえてくださいました。
ほんとに大《おお》きな苦《くる》しみですけれど。
わたしは、神《かみ》さまの小《ちい》さな手《て》まりですから、
神《かみ》さまが、ご自分《じぶん》のおもちゃをこわしたければご自由《じゆう》です。
神《かみ》さまがお望《のぞ》みのことをわたしも望《のぞ》みます。
……でもお姉《ねえ》さま、わたしがあなたにお話《はな》ししたいことが
ちっとも書《か》けません。こういうことは、口《くち》でしかお話《はな》しできません。
それに、この手紙《てがみ》だって、三日《みっか》あとでなければ読《よ》んでいただけないのですもの。
さようなら、お姉《ねえ》さま。わたしには、神《かみ》さまだけです。
お父《とう》さまは、わたしがあまりかなしんでいてはご心配《しんぱい》なさいます。
ですから、もうなみだをかくさなければなりません。

ポリナから、すぐ返事《へんじ》がきました。

愛《あい》するテレジア。
教皇《きょうこう》さまがおっしゃったことに気《き》がつきましたか?
〃もし神《かみ》さまがお望《のぞ》みなら、かならずはいれる〃とおっしゃったでしょう。
このおことばには、どんなに深《ふか》いいみがあるか、考《かんが》えてみましたか?
神《かみ》さまが〃もしわたしが望《のぞ》むなら、どんな反対《はんたい》にあっても、おまえははいれる。
わたしが望《のぞ》むなら、あすは人《ひと》の心《こころ》がかわるのだ。わたしがすべてを
にぎっている〃とおっしゃったようなものなのよ。
愛《あい》するテレジア、心配《しんぱい》しないで。小《ち い》さい手《て》まりは、神《かみ》さまの手《て》の中《なか》で、
ただじっと、おとなしく待《ま》っていらっしゃい。

あと三《さん》か月《げつ》

巡礼団《じゅんれいだん》はローマをあとにして、有名《ゆうめい》な遺跡《いせき》がたくさん残《のこ》っているアシジ、フィレンツエ、ピサをまわって、フランスに向《む》かいました。

何百年《なんびゃくねん》もまえから、人間《にんげん》の世界《せかい》のうつりかわりを見《み》てきた古《ふる》い遺跡《いせき》や、むかしは美《うつく》しかったにちがいない建物《たてもの》も記念物《きねんぶつ》も、よごれ、こわれて残《のこ》っているようすは、テレジアの心《こころ》を打《う》ちました。この世《よ》の名誉《めいよ》、ほこり、たのしみや一時的《いちじてき》なしあわせが、なんとはかないものかと、つくづく感《かん》じました。

また、おおぜいの神父《しんぷ》さまともいっしょの旅《たび》でしたから、さまざまな神父《しんぷ》さまにも出会《であ》いました。神父《しんぷ》さまも人間《にんげん》ですから、失敗《しっぱい》したり自分《じぶん》の欠点《けってん》と戦《たたか》いながらも、神《かみ》さまとみんなのために働《はたら》く、重《おも》い責任《せきにん》を負《お》っているということが、もっとよくわかりました。

——神父《しんぷ》さまがたのために祈《いの》りつづけること。これはわたしの使命《しめい》だわ。——

テレジアの心《こころ》におこったこの決心《けっしん》こそ、カルメル会《かい》の使命《しめい》でした。

ところで、どうしたことでしょう。帰《かえ》るとちゅうで、すこしのあいだ、テレジアはお父《とう》さんたちからはぐれてしまいました。そのテレジアを、しんせつにせわしてくれたのはだれだと思《おも》いますか？

教皇《きょうこう》さまにお会《あ》いしたとき、そばに立《た》っていて、テレジアのおねがいに冷《つめ》たく口《くち》をはさんだ、あの神父《しんぷ》さまでした。あのときとはうってかわった態度《たいど》で、やさしく身《み》をかがめ、

「リジューに帰《かえ》ったら、どこにいきましょうか。」

などと話《はな》しかけるのでした。テレジアが、はずかしそうに、

「カルメル会《かい》の姉《あね》たちに会《あ》いにいこうと思《おも》います。」

と答《こた》えると、神父《しんぷ》さまは、

「そう。わたしはできるかぎりのことをしてあげますよ。」

というではありませんか。

ポリナのいったことは、ほんとうでした。神《かみ》さまがお望《のぞ》みなら、すぐにでも人《ひと》の心《こころ》はかわるのです。神《かみ》さまは、すべてをよくはからってくださるのですから。

テレジアの心《こころ》をおおっていた灰色《はいいろ》の雲《くも》がふきとんで、

「まあ！ ありがとうございます。」

と思《おも》わずさけばずにはいられませんでした。


ビュイソンネの、なつかしい家《いえ》に帰《かえ》ってからの一日一日《いちにちいちにち》が、なんとながく思《おも》われたことでしょう。イタリアに出発《しゅっぱつ》するまえに、ウゴナン司教《しきょう》さまがやくそくしてくださった返事《へんじ》を、テレジアは毎日毎日《まいにちまいにち》待《ま》っているのです。

その返事《へんじ》は、やっと一八八八年《ねん》の一月一日《いちがついたち》に、カルメル会《かい》のゴンザガ院長《いんちょう》さまからとどきました。ウゴナン司教《しきょう》さまは、すっかり院長《いんちょう》さまにまかせたのです。

院長《いんちょう》さまは、まだ十五歳《じゅうごさい》の入会志願者《にゅうかいしがんしゃ》に、修道院《しゅうどういん》にはいって、すぐにきびしい生《せい》活《かつ》をさせるのは、かわいそうに思《おも》って、四月《しがつ》の復活祭《ふっかつさい》（キリストさまが死《し》んでよみがえった祝日《しゅくじつ》）のあとで入会《にゅうかい》するようきめました。復活祭《ふっかつさい》の、大《おお》きなおいわい日《び》をむかえる準備《じゅんび》の期間《きかん》は、とくべつにきびしい生活《せいかつ》をします。

院長《いんちょう》さまのこの思《おも》いやりは、テレジアにとっては、うらめしいおあずけの三《さん》か月《げつ》でした。こんなとき、いままでの熱心《ねっしん》さがくじけて、

——この三《さん》か月《げつ》、修道院《しゅうどういん》ではできないことをして、のんびりすごしましょう。——

というゆるんだ心《こころ》が、おこらないともかぎりません。テレジアは、その気《き》持《も》ちにまけないように、もっと熱心《ねっしん》にすごそうと決心《けっしん》しました。テレジアをおよびになった神《かみ》さまに、よろこんでおこたえする準備《じゅんび》の時間《じかん》が、たっぷりあたえられたのですから。

毎日《まいにち》、小《ちい》さな花《はな》たばを、たくさんささげることにはげみました。おおげさなこと

ではなく、神《かみ》さまに、愛《あい》をささげること——静《しず》かに目《め》だたないようにしんせつをすること、弁解《べんかい》や、いいたいことばをおさえること、もっと読《よ》みたいことや見《み》たいことを半分《はんぶん》でやめること、いやなときでもほほえむこと——など、愛《あい》のプレゼントをささげるチャンスはたくさんあります。

こうして、自分《じぶん》のわがままにまけない強《つよ》い心《こころ》と、神《かみ》さまを愛《あい》するやさしい心《こころ》が成《せい》長《ちょう》していきました。神《かみ》さまは、いつもあふれるほどのめぐみでつつんでくださいました。

おわかれ

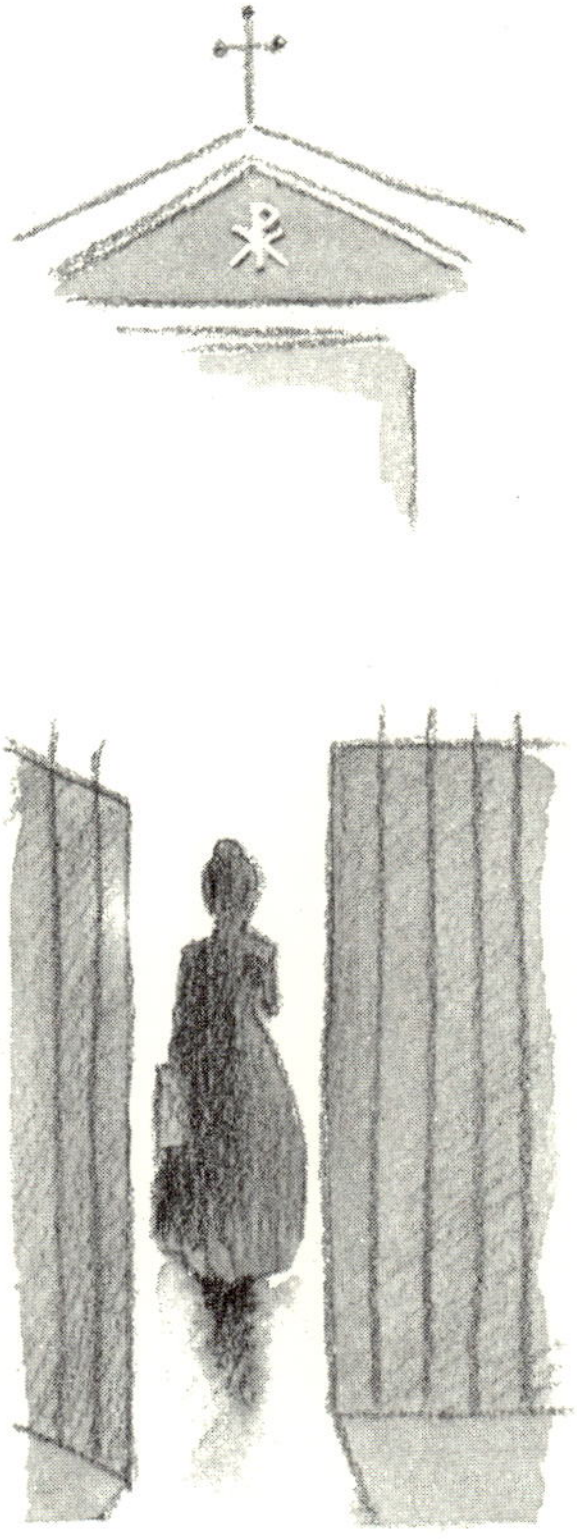

復活祭《ふっかつさい》の夜《よる》、ビュイソンネの広間《ひろま》では、病気《びょうき》で家《いえ》に帰《かえ》ってきているレオニアもいっ

しょに、ゲランおじさんの家族《かぞく》をむかえて、おわかれの夕食会《ゆうしょくかい》が開《ひら》かれました。ながいあいだ待《ま》ちこがれたカルメル会《かい》にはいることは、たしかに大《おお》きなよろこびです。けれども、いっしょに生活《せいかつ》してきた親《した》しい人《ひと》たちや、すべてのものからはなれなければならないことは、心《こころ》をしめつけられるほどつらいことです。

——さようなら、わたしの古巣《ふるす》ビュイソンネ。
わたしの心《こころ》をよろこびでいっぱいにしてくれた、
なつかしい小鳥《ことり》たち、みどりの木々《きぎ》よ、花《はな》よ、小道《こみち》よ、
さようなら。
いつも、わたしの勉強《べんきょう》や、神《かみ》さまとの親《した》しい語《かた》らいを、
やさしく見守《みまも》ってくれた見《み》はらし台《だい》、
さようなら。
愛《あい》するおじさま、おばさま、さようなら。

わたしのために、そんなになかないでください。
わたしも、もっとおわかれがつらくなります。
年《とし》とった〝わたしの王《おう》さま〟、とくべつにさようなら。
あなたの〝女王《じょおう》〟が、どんなにあなたをお愛《あい》ししているか、
ごぞんじでしょう。
神《かみ》さまは、あなたの〝女王《じょおう》〟をおよびになりました。
あなたがたいせつに育《そだ》てた小《ちい》さな花《はな》を、
神《かみ》さまは、もっと美《うつく》しくさかせるために、
ご自分《じぶん》のお庭《にわ》に植《う》えかえようとしておられるのです——。

つぎの日《ひ》テレジアは、なつかしい庭《にわ》の小道《こみち》を、ひとりでゆっくり歩《ある》きました。こうして、幼《おさな》い日《ひ》の思《おも》い出《で》がいっぱいの、ビュイソンネにわかれを告《つ》げて、カルメルに向《む》かいました。家族《かぞく》のみんながつきそっていきました。そしてだまったまま、修《しゅう》

道院《どういん》の聖堂《せいどう》にはいりました。

ごミサのあいだ、みんなのすすりなく声《こえ》を聞《き》きながら、テレジアだけはないていませんでした。なくどころか、心《しん》ぞうがやぶれてしまうのではないかと思《おも》われるほど、おわかれのつらさで苦《くる》しんでいたのです。

ごミサのあと、家族《かぞく》ひとりひとりとあいさつをかわしてから、お父《とう》さんの前《まえ》に、くずれるようにひざまずきました。お父《とう》さんもまたひざまずいて、なみだながらにテレジアを祝福《しゅくふく》しました。

この年《とし》とったお父《とう》さんが、目《め》にいれてもいたくないほどかわいがっている末《すえ》むすめを、神《かみ》さまにささげるすがたを見《み》て、みんなは深《ふか》く心《こころ》を打《う》たれました。

やがて、テレジアはシスターたちにむかえられて、ドアの向《む》こうに消《き》えました。ついにテレジアはカルメル会《かい》にはいったのです。きょうまでの、さまざまな反対《はんたい》や困難《こんなん》、苦《くる》しみかなしみは、すっかり修道院《しゅうどういん》のドアの外《そと》で消《き》えました。

ビュイソンネに帰《かえ》ったお父《とう》さんは、まだテレジアの笑顔《えがお》や、うちあけ話《ばなし》の思《おも》い出《で》が、いきいきと残《のこ》っている見《み》はらし台《だい》にすわりました。それから、お父《とう》さんの親《した》しい友《とも》だちに、手紙《てがみ》を書《か》きました。

わたしの〝小《ちい》さい女王《じょおう》〟は、カルメル会《かい》にはいりました。わたしに、これほど大《おお》きなぎせいをもとめることができるのは、神《かみ》さま以外《いがい》にはありません。神《かみ》さまのおもとめですから、わたしはことわりたくなかったのです。

わたしはなみだを流《なが》していますが、心《こころ》はよろこびと平和《へいわ》につつまれています——。

4 天国《てんごく》への道《みち》

カルメル会《かい》

修道院《しゅうどういん》の一日《いちにち》は、はやい朝《あさ》のお祈《いの》りから始《はじ》まります。ながいちんもくと祈《いの》りと労《ろう》働《どう》の、質素《しっそ》な生活《せいかつ》です。だれもが院長《いんちょう》さまの命令《めいれい》と、カルメル会《かい》のきそくにしたがっています。

ひとりひとりのへやは、なんのかざりもなく、木《き》の机《つくえ》と、ベッドにはかたいわらぶとん、かべに十字架《じゅうじか》がかけてあるだけでした。

食事《しょくじ》も質素《しっそ》で、とくにクリスマスや復活祭《ふっかつさい》のまえの時期《じき》(待降節《たいこうせつ》と四旬節《しじゅんせつ》)には、いつもよりもっと熱心《ねっしん》にきびしい生活《せいかつ》をおくっていました。

テレジアは、このような修道院《しゅうどういん》の生活《せいかつ》に、すぐなれました。それは、どれも想像《そうぞう》していたとおりでしたから。それに、マリアもポリナもいっしょなのですもの。

では、なぜ自分《じぶん》からすすんでこのような、目《め》だたないところにひきこもって、きびしい生活《せいかつ》をするのでしょう。神《かみ》さまは、どうしてそんな生活《せいかつ》を、ご自分《じぶん》の愛《あい》するむすめたちにおもとめになるのでしょう。家族《かぞく》からはなれて、人《ひと》にも知《し》られずに、祈《いの》りや苦業《くぎょう》をしても、いったいなんの役《やく》にたつのでしょう。どんないみがあるのでしょうか。

テレジアには、この答《こた》えがよくわかっていました。ポリナがカルメル会《かい》にはいってからはテレジアはいつもこのことを考《かんが》えていたのです。

わたしたちはみな、神《かみ》さまを〝お父《とう》さま〟とよぶことができる一《ひと》つの大《おお》きな家族《かぞく》です。おたがいはみな兄弟《きょうだい》ですから、人《ひと》のためによいことをすることができるし、人《ひと》からも受《う》けることができるのです。また、兄弟《きょうだい》のために〝お父《とう》さま〟に祈《いの》ることもできます。

残念《ざんねん》なことに、世《よ》の中《なか》には、平気《へいき》で悪《わる》いことをする人《ひと》もたくさんいて、わざと〝お父《とう》さま〟にさからう人《ひと》もいます。

また、多《おお》くの困難《こんなん》の中《なか》で苦労《くろう》しながら働《はたら》いている人《ひと》もたくさんいます。この兄弟《きょうだい》たちのために、自分《じぶん》をすてて、神《かみ》さまにめぐみをおねがいする人《ひと》が必要《ひつよう》です。

自分《じぶん》のためばかりでなく、兄弟《きょうだい》のために自分《じぶん》をささげることは、やさしいことではありません。たくさんの苦《くる》しみが待《ま》っているということは、かくごのうえでした。

テレジアをカルメルにおよびになった神《かみ》さまは、さっそくご自分《じぶん》の十字架《じゅうじか》の苦《くる》しみを、テレジアに分《わ》けてくださいました。

ゴンザガ院長《いんちょう》さまは、わかくて愛《あい》らしいテレジアが、修道院《しゅうどういん》の中《なか》で、みんなにかわいがられ、ちやほやされてはだめになってしまう、と考《かんが》えました。そこで、とくべつきびしい態度《たいど》をとることにしました。

ある日《ひ》、ろうかのてんじょうに、くもの巣《す》を見《み》つけた院長《いんちょう》さまは、さっそくテレジアをよびました。

「これでは、十五歳《じゅうごさい》の子《こ》どもがそうじをしたということが、よくわかりますね。もっとよく気《き》をつけて、きちんとしなくてはこまりますよ。」

また、毎日午後《まいにちごご》は庭《にわ》の草《くさ》とりをしなければならないのですが、これもつらいことでした。というのは、その時間《じかん》に、かならず院長《いんちょう》さまが通《とお》りかかるのです。そしてテレジアを見《み》かけると、

「この子《こ》はなにもできないのですね。毎日《まいにち》ひとりで、のんびり庭《にわ》をお散歩《さんぽ》させるほか、しようがないとは。」

といふのでした。

テレジアはずっとまえから、神《かみ》さまをおよろこばせするためにどんないやなことからもにげださないで受《う》けるしゅうかんをつけているので、こういうときも、ないたり不平《ふへい》をいったりはしません。

院長《いんちょう》さまからきびしくあつかわれたおかげで、人《ひと》の気《き》にいられたいという気持《きも》ちや、ほめられたり、あまいことばや愛情《あいじょう》をもとめる、きけんなゆうわくから守《まも》られたのです。テレジアはこのことを感謝《かんしゃ》していました。

テレジアがカルメル会《かい》にきてから、一年近《いちねんちか》い月日《つきひ》がたちました。そのあいだ、お姉《ねえ》さんのマリアとポリナは、はげましや祈《いの》りでテレジアを助《たす》けていました。

一八八九年一月十日《ねんいちがっとうか》。テレジアはカルメル会《かい》の制服《せいふく》を受《う》けました。この日《ひ》お父《とう》さ

んも、〝女王《じょおう》さま〟の晴《は》れの式《しき》に出席《しゅっせき》することができました。
春《はる》のようにあたたかな日《ひ》でした。志願《しがん》者《しゃ》の服《ふく》から、シスターの服《ふく》に着《き》かえたテレジアは、いっそう幸福《こうふく》にかがやいていました。
天《てん》のお父《とう》さまも、この日《ひ》はとくべつに、テレジアのだいすきな雪《ゆき》をプレゼントしてくださいました。あたたかい、よいお天気《てんき》でしたが、式《しき》のあとで外《そと》を見《み》ると、うっすらと白《しろ》いじゅうたんをしいたように、雪《ゆき》が庭《にわ》をおおっていたのでした。

おささげ

見習《みなら》いの期間《きかん》が終《お》わり、カルメル会《かい》の制服《せいふく》を受《う》けると、いよいよシスターとなる準備《じゅんび》の、修練期《しゅうれんき》にはいります。

十六歳《じゅうろくさい》の修練女《しゅうれんじょ》テレジアの心《こころ》は、神《かみ》さまと人《ひと》びとのために苦《くる》しむことにあこがれていました。苦《くる》しみは、神《かみ》さまと人《ひと》びとを愛《あい》するいちばんたしかな道《みち》だからです。けれども、自分《じぶん》で苦《くる》しみを作《つく》るのではなく、神《かみ》さまが送《おく》ってくださることを、すききらいせずに受《う》けとることです。

このように、愛《あい》する望《のぞ》みにもえているテレジアに、神《かみ》さまは、すぐにおこたえになりました。それは、テレジアがだれよりも深《ふか》く愛《あい》しているお父《とう》さんの、おそろし

い病気《びょうき》というかたちでやってきました。

お父《とう》さんは、これまでに何度《なんど》か、中風《ちゅうぶ》のかるい発作《ほっさ》をおこしたことはあっても、また元気《げんき》をとりもどしていたのです。けれども、こんどは、記憶《きおく》を失《うしな》い、ことばもわすれてしまうことがたびたびあるのです。あれほど神《かみ》さまに忠実《ちゅうじつ》で、気品《きひん》があり、だれよりもりっぱだった〝テレジアの王《おう》さま〟が、いまは、弱々《よわよわ》しい老人《ろうじん》のすがたにかわってしまいました。いつか、見《み》はらし台《だい》で見《み》た、ふしぎなすがたそっくりに、ぬので頭《あたま》をかくして、背《せ》をまるめ、だまって家《いえ》から出《で》ていって、三日《みっか》も帰《かえ》ってこないことがありました。

お父《とう》さんの、このいたましいかわりようは、五人《ごにん》の姉妹《しまい》の心《こころ》を、つきさすようなかなしみと苦《くる》しみでみたしました。

レオニアとセリナはいっしょうけんめい看護《かんご》し、マリアとポリナとテレジアは、毎日祈《まいにちいの》りと手紙《てがみ》をおくってふたりをはげましました。

けれども、いつまでもこのままにしておくわけにはいきません。そこで専門《せんもん》のお医者《いしゃ》さまのいる精神病院《せいしんびょういん》に入院《にゅういん》しました。レオニアとセリナは、病院《びょういん》の近《ちか》くにひっこして、面会時間《めんかいじかん》は、いつもお父《とう》さんのそばにいました。

お父《とう》さんは、ときどき記憶《きおく》がもどって、ふたりのむすめがいっしょについていてくれることを、とてもよろこびました。けれどもまた、このようなとき、自分《じぶん》の病気《びょうき》がどういうものかも、はっきりわかるのです。それはお父《とう》さんにとっても大《おお》きな苦《くる》しみでした。

どうしてこのような苦《くる》しみを受《う》けなければならないかわからなくても、苦《くる》しみは神《かみ》さまから送《おく》られたものだということを、マルタン家《け》の人《ひと》びとはよく知《し》っていました。ですから、お父《とう》さんの病気《びょうき》に不平《ふへい》をいったり、ただかなしんだり、がっかりするかわりに、みんなが心《こころ》をあわせて、しんぼう強《づよ》くしのびました。

お父《とう》さんの病気《びょうき》のあいだに、テレジアの誓願式《せいがんしき》（神《かみ》さまに一生《いっしょう》をささげるちかいの式《しき》）が近《ちか》づきました。この準備《じゅんび》をしているとき、お父《とう》さんのことのうえに、さらにいままでにないほどの大《おお》きなこころみがテレジアをおそいました。

――いままで、自分《じぶん》がどんなにくだらない人間《にんげん》かということに気《き》づかずに、神《かみ》さまや兄弟《きょうだい》たちを愛《あい》しましょう、などとうぬぼれていたけれど、そんなことはできないのだから、カルメル会《かい》から出《で》て、うちに帰《かえ》ったほうがいいのではないかしら――

という大《おお》きな心配《しんぱい》が、とつぜんテレジアの心《こころ》をとらえてしまいました。

テレジアは、神《かみ》さまがカルメル会《かい》によんでくださったということを、はじめてうたがいました。心《こころ》のくらやみは深《ふか》く、おそろしく、苦《くる》しみにうちのめされそうです。

テレジアはすぐ立《た》ちあがって、修練長《しゅうれんちょう》さまのところへいきました。そして、心《こころ》に感《かん》じている心配《しんぱい》をうちあけました。するとどうでしょう。信頼《しんらい》して心《こころ》のやみをうちあけたしゅんかん、うたがいはきれいに消《き》えて、心《こころ》に平和《へいわ》がもどってきました。

つぎの日《ひ》、テレジアははればれとした心《こころ》で、神《かみ》さまに結《むす》ばれて、一生《いっしょう》をささげるちかいを立《た》てました。小《ちい》さな、祈《いの》りを書《か》いた紙《かみ》をむねにいだいて。

神《かみ》さま、あなたの花《はな》よめとなったわたしを、
どんなけがれからもお守《まも》りください。
わたしが罪《つみ》をおかしてあなたにそむくよりは、
この世《よ》からわたしをとり去《さ》ってください。
あなたのほかにには、なにものもさがしもとめないようにしてください。
わたしに、あなたの平和《へいわ》と愛《あい》をおあたえください。
神《かみ》さま、わたしがあなたへの愛《あい》で死《し》ぬことができるほどに
強《つよ》く、あなたを愛《あい》させてください。
わたしがすなつぶのようにふみつけられてもかまいません。
そんなときでも、わたしがしなければならないことを、
完全《かんぜん》に、忠実《ちゅうじつ》にはたすことができますように。
神《かみ》さま、あなたにすっかりおささげいたします。
あなたのお望《のぞ》みが、完全《かんぜん》にわたしのうえに実現《じつげん》しますように。

小《ちい》さな道《みち》

テレジアは、小《ちい》さいときから本《ほん》がだいすきでした。いろいろな本《ほん》をたくさん読《よ》みましたが、いまでは、聖書《せいしょ》だけが心《こころ》をひきつけます。聖書《せいしょ》は神《かみ》さまのことばでいっぱいですから。

神《かみ》さまのことばを聞《き》いて、愛《あい》をこめて実行《じっこう》すること――これは、カルメルの生活《せいかつ》のすべてです。

もし愛《あい》がないなら、
どんなにすばらしい、りっぱなことをしても、なんにもなりません。

持《も》ち物《もの》を全部《ぜんぶ》まずしい人《ひと》にあげたり、りっぱに説教《せっきょう》したり、いろいろな国《くに》のことばで話《はな》したり、ふしぎができたとしても、もし愛《あい》がないなら、みんなむだです。

愛《あい》こそ、すべてです。

この聖書《せいしょ》のことばが、テレジアにピンときました。

「愛《あい》こそすべて――。そうだわ、神《かみ》さまがわたしたちにお望《のぞ》みになるのは〝愛《あい》すること〟なのね。だったら、わたしの仕事《しごと》は〝愛《あい》すること〟だわ。わたしは〝愛《あい》〟になりましょう。

神《かみ》さまから見《み》れば、わたしは小《ちい》さな子《こ》どもです。自《じ》分《ぶん》の力《ちから》ではなに一《ひと》つできません。神《かみ》さまにたよるほかないので、神《かみ》さまにたよって、わたしにできることを、いっしょうけんめい愛《あい》をこめてしましょう。

すばらしい、偉《い》大《だい》なことは、えらいかたがたにおまかせして、わたしは小《ちい》さいことを、心《こころ》をこめてはたしましょう。

それはちょうど、赤《あか》んぼうが、二階《にかい》のお父《とう》さんのところへいこうとして、いっしょうけんめいかいだんに足《あし》をあげようとしているようなものです。お父《とう》さんがこれを見《み》たら、すぐにおりてきて、子《こ》どもをだきあげて、二階《にかい》につれていってくれるでしょう。

神《かみ》さまはよいお父《とう》さまですから、神《かみ》さまをいっしょうけんめいお愛《あい》ししようとしている子《こ》どもをごらんになれば、かならず手《て》をかしてくださいます。そして、子《こ》どもにかわって、ご自分《じぶん》で、苦《くる》しんでいる人《ひと》、救《すく》いを待《ま》っている人《ひと》たちを、助《たす》けにいってくださいます。」

テレジアは〝よいお父《とう》さま〟を信頼《しんらい》して毎日愛《まいにちあい》のつとめにはげみました。愛《あい》することはすばらしいことです。でも、やさしいことばかりではありません。にが味《み》もなみだもあせもあります。

自分《じぶん》がしなかったあやまちを、注意《ちゅうい》されたとき、くやしくても、弁解《べんかい》しないであやまることは、むずかしいことです。また、いつでももんくや不平《ふへい》ばかりいう人《ひと》といっしょにいるのは、たのしいことではありません。けれども、だれでもまちがうことはあるのですし、自分《じぶん》も同《おな》じあやまちをするかもしれないのです。気《き》をつけていなければ、うっかりもんくをいっているかもしれないのです。

テレジアは、自分《じぶん》がだれよりも弱《よわ》くて、欠点《けってん》だらけで、強情《ごうじょう》で、〝よいお父《とう》さま〟にたよらなければ、だれよりも悪《わる》い人《ひと》になることだってできるということを、よくわかっていました。

いままで、とくべつ大《おお》きな悪《わる》いこともせずに、こうして神《かみ》さまにおつかえできたのも、自分《じぶん》のてがらでもなんでもなく、神《かみ》さまのおかげだということも、強《つよ》く感《かん》じていました。

「小《ちい》さい子《こ》どもは、失敗《しっぱい》してもかなしみません。自分《じぶん》は小《ちい》さいのだから、失敗《しっぱい》するのはあたりまえと思《おも》っています。ですから、すっかり神《かみ》さまにたよります。」

こういって、テレジアは、自分《じぶん》が小《ちい》さい子《こ》どもだとよろこんでみとめていました。修道院《しゅうどういん》のたいせつな役《やく》めをまかせられたときも、この気持《きも》ちはかわりませんでした。そして、ますます神《かみ》さまにたよっていきました。

ビュイソンネにいたころ、テレジアの〝小《ちい》さいママ〟だったポリナは、カルメルでもテレジアのよい相談《そうだん》あいてでした。カルメルにはマリアもいましたし、あとからセリナもはいったので、ビュイソンネで、神《かみ》さまをお愛《あい》しすることにはげんだように、ここでもみんなは力《ちから》をあわせて助《たす》けあいました。

ほほえみのベール

修道院《しゅうどういん》には、年《とし》をとって気《き》むずかしくなった、おばあさんシスターもいました。

からだが思《おも》うように動《うご》かなくなると、しぜんに気持《きも》ちも、めいってしまうのでしょう。

足《あし》が不自由《ふじゆう》なこのシスターを、毎晩《まいばん》きまった時間《じかん》に、きまったやり方《かた》で食堂《しょくどう》までつれていくのは、なかなかたいへんな仕事《しごと》でした。おばあさんシスターの気《き》にいるように、おせわができる人《ひと》はいないのです。

テレジアは勇気《ゆうき》を出《だ》して、このシスターのおせわをしましょうと申《もう》し出《で》ました。

「シスター・テレジアは、わかすぎてたよりにならない。」

ともんくをいっているおばあさんシスターに、それいじょう気分《きぶん》をそこねないように、毎晩《まいばん》つきそっていくには、がまん強《づよ》いしんせつな心《こころ》が必要《ひつよう》です。

不自由《ふじゆう》な足《あし》のほうのわきをささえて、ながいろうかを食堂《しょくどう》まで、一歩《いっぽ》一歩《いっぽ》全身《ぜんしん》の注意《ちゅうい》をこめて歩《ある》いていると、あせびっしょりになってしまいます。それでも、ちょっとでも調子《ちょうし》があわないと、歩《ある》き方《かた》がはやいといってはしかられ、おそいといってはもんくをあびせられるのです。

「あんまりはやすぎますよ。そんなにひっぱって、わたしをばらばらにこわしてしまうつもりですか。」

とか、

「もっとはやく歩《ある》きなさい。なんですか。しっかりささえてくれないと、ころんでしまうじゃありませんか。やっぱりあんたはわかすぎるといったでしょう。わたしをささえることもできないんですからね。」

というぐあいです。

やっと食堂《しょくどう》の席《せき》に、きまったやり方《かた》でていねいにすわらせて、そで口《ぐち》をまくりあげ、両手《りょうて》をテーブルの上《うえ》にのせてあげると、その役《やく》めは終《お》わるのでした。

ある晩《ばん》、このシスターが、パンをちぎるのに苦労《くろう》しているのを見《み》ました。その晩《ばん》から、これまでもながくてたいへんなおつとめに、パンをちぎってあげることもくわえました。そして、とくべつやさしいほほえみで、その日《ひ》のおつとめを終《お》えるのでした。

テレジアのほほえみは、その一生《いっしょう》を美《うつく》しくかざっています。テレジアを知《し》っている人《ひと》はだれでも、人《ひと》の心《こころ》をとかすようなほほえみを、いつまでもわすれませんでした。そしてテレジアを、心配《しんぱい》も苦労《くろう》も知《し》らないしあわせな人《ひと》だ、と思《おも》ってしまうのでした。それほど、いやな思《おも》いや心《こころ》の苦《くる》しみを、テレジアは、ほほえみのベールでじょうずにかくしていたのです。

神《かみ》さまに、美《うつく》しい愛《あい》の花《はな》たばをささげながら、兄弟《きょうだい》たちのうえにめぐみをねがいながら、どうしていやな顔《かお》ができるでしょうか。

こんなこともありました。

みんなでせんたくをしているとき、テレジアの向《む》かいがわのシスターが、きたない水《みず》を、あたりにバシャバシャとはねとばしながらあらっていました。そのきたない水《みず》が、テレジアの顔《かお》にかかったとき、すぐに〝いやっ〟と、からだをそらして顔《かお》をふきました。むかむかと、いやな気持《きも》ちがわきおこりました。

すぐにそのシスターに、

「もうすこし静《しず》かにおねがいね。」

といって、水《みず》をかけられないようにするのは、たやすいことです。けれどもテレジアは、

――そうだわ。いやなことをがまんできる、せっかくのチャンスですもの。にがさないようにしましょう。神《かみ》さまへのプレゼントにしましょう。――

と決心《けっしん》しました。そこで、熱心《ねっしん》にあらっている向《む》かいのシスターに気《き》づかれないように、なにごともなかったように、またせんたくをつづけました。

神《かみ》さまだけがごぞんじの、愛《あい》をささげるチャンスは、いくらでも見《み》つかります。

お祈《いの》りのあいだじゅう、カチャカチャとロザリオの音《おと》をたてるシスターのそばに、ながいあいだすわっていなければならないこともありました。

その音《おと》は、耳《みみ》について、たまらなくいらいらさせられます。そのシスターに、ちょっとあいずして、音《おと》をたてないように知《し》らせることもできました。けれどもテレジ

アは、気《き》がつかないで祈《いの》っているシスターのじゃまをするよりは、自分《じぶん》がこのふゆかいな音《おと》をがまんするほうをえらびました。

また、ある夜《よる》、お祈《いの》りのあとで、めいめいのへやにもどるとき、だれかがまちがえて、テレジアの使《つか》っているランプをもっていってしまいました。テレジアは、まっくらなろうかを手《て》さぐりで歩《ある》きながら、思《おも》いがけない不便《ふべん》をよろこびました。こんなとき、いつも使《つか》っているランプのありがたさも、よくわかります。

ところで、テレジアにも、なかなかすきになれないシスターがいました。でも、神《かみ》さまがそのシスターを愛《あい》して、カルメル会《かい》におよびになったのです。地上《ちじょう》にいろいろな花《はな》があるように、人《ひと》の性質《せいしつ》もいろいろです。神《かみ》さまは、どの花《はな》も、どの人《ひと》も愛《あい》していらっしゃいます。

テレジアは、そのシスターに会《あ》うたびに、心《こころ》の中《なか》で祈《いの》って、笑顔《えがお》で話《はな》しかけました。こうして、いつのまにか、はじめの気《き》持《も》ちは消《き》えて、ふたりはもっと親《した》しくなりました。

だれの心《こころ》にも、神《かみ》さまがくださったすばらしい宝《たから》がかくされています。愛《あい》することを知《し》らない人《ひと》は、まだこの宝《たから》に気《き》づいていないのです。

小《ちい》さいときにこの宝《たから》にめざめたテレジアは、神《かみ》さまと兄弟《きょうだい》たちを愛《あい》して、すすんで苦《くる》しみの花《はな》をつみました。たえずほほえみながら。

ばらの雨《あめ》をふらせましょう

テレジアが、カルメル会《かい》にきて八年《はちねん》たった、一八九六年《ねん》の復活祭《ふっかつさい》も真近《まぢか》い聖金曜《せいきんよう》日《び》（キリストさまが十字架《じゅうじか》にかけられて死《し》んだ日《ひ》）の夜《よる》。

休《やす》むためにランプを消《け》したとたん、なにかなまあたたかいものが、のどにこみあげてきました。いそいでハンカチを口《くち》にあてると、たちまちハンカチにいっぱいになったようでした。テレジアは、なんだかたのしい気分《きぶん》になって、そのまま休《やす》みました。天国《てんごく》が近《ちか》くなったような気《き》がしていました。

つぎの朝《あさ》見《み》ると、ハンカチは血《ち》だらけでした。でも、たった一度《いちど》ぐらいのことで、おおさわぎをするテレジアではありません。いつものとおり、なにごともなかったようにみんなといっしょに、すべてのつとめに参加《さんか》しました。復活祭《ふっかつさい》をむかえる準備《じゅんび》の時期《じき》なので、いつもよりもきびしい生活《せいかつ》ですが、かえってうれしいくらいです。

つぎの夜《よる》、また同《おな》じことがあったので、院長《いんちょう》さまに、ありのままを知《し》らせました。けれども、とくべつにきそくをゆるくしてほしいなどとは思《おも》っていませんでした。

それどころか、

「ほかになにも心配《しんぱい》することはありませんし、十分気《じゅうぶんき》をつけますから。」

といって、院長《いんちょう》さまを安心《あんしん》させました。そして、いつもと同《おな》じように、熱心《ねっしん》にはげんでいました。

病気《びょうき》は、目《め》に見《み》えないかたちで、すこしずつテレジアのからだをむしばんでいきました。つかれやすくなり、夜《よる》はねむることができなくなりました。こうして、苦《くる》しい夏《なつ》がすぎ、冬《ふゆ》が近《ちか》づくと、せきがひどくなりました。

ときどき高《たか》い熱《ねつ》が出《で》て、めまいと息切《いきぎ》れのために、一歩《いっぽ》ごとに立《た》ちどまらなければならないこともありました。それでも、けなげなほほえみで、からだの苦《くる》しさをかくして、みんなといっしょにふつうの生活《せいかつ》をつづけようとがんばっていたのです。なかよしのお姉《ねえ》さんたちでさえ、テレジアの病気《びょうき》には気《き》がつきませんでした。

けれどもそんなことが、どうしていつまでもつづけられるでしょう。とうとう、ひどいかっ血《けつ》のあと、お医者《いしゃ》さまのさしずで、病室《びょうしつ》にうつされました。住《す》みなれた、小《ちい》さなへやから出《で》るとき、もう二度《にど》とここへは帰《かえ》ってくることはない、と感《かん》じました。

天国《てんごく》に旅《たび》だつ準備《じゅんび》がはじまりました。これまでの生活《せいかつ》も、すべて天国《てんごく》への準備《じゅんび》でしたが、いまはもう、天国《てんごく》だけを見《み》つめてすごす毎日《まいにち》です。

苦《くる》しむことになれていたテレジアに、これまでよりも、もっと大《おお》きな苦《くる》しみがおそいかかりました。

高《たか》い熱《ねつ》で、のどは焼《や》けるようにかわいて、食事《しょくじ》はのどを通《とお》りません。すっかりやせおとろえて、ねていてもからだじゅうがいたみます。

からだの苦《くる》しみにもまして、もっともっとつらい苦《くる》しみは、心《こころ》のくらやみの中《なか》に投《な》げだされたことでした。

そのやみの中《なか》から聞《き》こえるぶきみな声《こえ》——。

《あれほど熱心《ねっしん》に、ぎせいや苦《くる》しみをささげたというのに、おまえが死《し》んだら、いったいだれがおまえにむくいてくれるというのだ？　むくいなんてありはしないのだ。》

これまで、ひたすら神《かみ》さまの愛《あい》を信《しん》じて生《い》きてきたのに、その信《しん》じたことが、むだだったのでしょうか。神《かみ》さまはいないのでしょうか。

なんの光《ひかり》も、なぐさめもない、心《こころ》のくらやみの中《なか》でもなおテレジアは、神《かみ》さまにたよりました。苦《くる》しみのまっただ中《なか》で、ひとりぼっちのさびしさを味《あじ》わいながら、あきらめないで十字架《じゅうじか》につけられたキリストさまと心《こころ》をあわせて、この苦《くる》しみを、いさましくささげていました。

こんなときでも、おだやかなほほえみをたたえた笑顔《えがお》が、重《おも》い病気《びょうき》と心《こころ》の苦《くる》しみをつつみかくしていました。

テレジアがカルメル会《かい》にきてから、九年《きゅうねん》の年月《ねんげつ》が流《なが》れました。一八九七年《ねん》の夏《なつ》が終《お》わって、しだいにみどりの葉《は》が黄《き》や赤《あか》にかわってゆき、まどからはいってくる風《かぜ》も、熱《ねっ》っぽいテレジアのほほにはこころよいさわやかさです。小鳥《ことり》のにぎやかな合《がっ》唱《しょう》も、静《しず》かなうた声《ごえ》にかわりました。

あいかわらず、はげしいからだのいたみがつづく中《なか》で、テレジアの心《こころ》には、平和《へいわ》がもどっていました。

すべては神《かみ》さまからおくられることを知《し》っているので、苦《くる》しい試練《しれん》のときにも、だまって神《かみ》さまにおまかせしてきました。このように、神《かみ》さまがおくってくださるよろこびも苦《くる》しみも、なんでもことわらずに受《う》けてきた小《ちい》さい花《はな》の一生《いっしょう》は、まもなく終《お》わろうとしていました。

テレジアは、死《し》ぬことを、すこしもおそれていません。

「わたしは死《し》ぬのではありません。いのちにはいるのです。」

といって、おそれるどころか、かえって、小《ちい》さい子《こ》どもがお父《とう》さんに会《あ》いにいくときのように、たのしみに待《ま》っているのでした。

そして、
天国《てんごく》のよろこびをゆめ見《み》ながら、
なぞのような、ふしぎなことを
いいました。

わたしは、やさしい神《かみ》さまに、
愛《あい》だけをささげました。
愛《あい》でおこたえくださるでしょう。
わたしは、この世《よ》の人《ひと》たちを助《たす》けながら、
天国《てんごく》をすごしましょう。
死《し》んだら、ばらの雨《あめ》をふらせましょう。

テレジアの口《くち》から出《で》たなぞのようなことばは、まもなくほんとうになったのです。

愛《あい》の勝利《しょうり》

テレジアのひたいは、あぶらあせでじっとりとぬれていて、たびたびおそってくる呼吸困難《こきゅうこんなん》で、いまにも死《し》んでしまうかと思《おも》われる、はげしい病気《びょうき》とのたたかいがつづきました。

ときどき、目《め》をあげて、じっと十字架《じゅうじか》を見《み》つめながら、とぎれとぎれに、

「神《かみ》さま……あなたを……お愛《あい》し……します。」

とくりかえしていました。

多《おお》くの苦《くる》しみを通《とお》って、強《つよ》められ、清《きよ》められたテレジアの心《こころ》は、もう地上《ちじょう》にとどまっていることができなくなっていました。

院長《いんちょう》さまとお姉《ねえ》さんたち、シスターたちの手《て》あつい看護《かんご》と祈《いの》りに助《たす》けられて、テレジアは、はげしい病気《びょうき》の苦《くる》しみといたみを、最後《さいご》までささげつくしました。

一八九七年九月三十日《ねんくがつさんじゅうにち》、夜七時《よるしちじ》すぎ。

カルメル会《かい》の修道院《しゅうどういん》の中《なか》で、ひっそりさいていた小《ちい》さな花《はな》は、神《かみ》さまの手《て》で、たいせつに天国《てんごく》にうつされました。いつまでも、かおりをはなってさきつづけるようにと。

テレジアの遺体《いたい》は、たくさんの花《はな》にかこまれて、聖堂《せいどう》に置《お》かれました。ながい病気《びょうき》をしのんだあとの顔《かお》には、安《やす》らかなほほえみがうかんでいました。

どこからともなくテレジアの死《し》を伝《つた》え聞《き》いた、リジューの町《まち》の人《ひと》たちが、テレジアの遺体《いたい》に、おわかれのあいさつをしにきて、ながい行列《ぎょうれつ》を作《つく》りました。人《ひと》びとは、小《ちい》さい花《はな》にわかれをおしんで、いつまでもそばをはなれませんでした。

有名《ゆうめい》な人《ひと》でもなく、世《よ》の中《なか》でなにかすばらしいことをしたわけでもないのに、町《まち》の人《ひと》たちがこのマルタン家《け》の末《すえ》むすめの死《し》をかなしむことを、ふしぎに思《おも》う人《ひと》がいるでしょうか。

神《かみ》さまだけに知《し》られることに満足《まんぞく》して、人《ひと》びとの目《め》からはかくれ、わすれられて一生《いっしょう》をすごした小《ちい》さな花《はな》は、神《かみ》さまのお望《のぞ》みで、いつのまにか、人《ひと》びとの心《こころ》からけっしてわすれられない花《はな》となっていたのです。

神《かみ》さまの大《おお》きな愛《あい》に身《み》をまかせて、よろこんですべてをささげた小《ちい》さな花《はな》は、どんなに神《かみ》さまのお気《き》にいりなのか、ということが、人《ひと》びとにはわかったのです。

男《おとこ》も女《おんな》も、おとなも子《こ》どもも、老人《ろうじん》も兵隊《へいたい》も病人《びょうにん》も学者《がくしゃ》も、金持《かねも》ちもまずしい人《ひと》も、みんながテレジアに祈《いの》りました。

「わたしたちのために、神《かみ》さまにおねがいしてください。」

と、心《こころ》からテレジアに助《たす》けをもとめた人《ひと》びとは、すぐに返事《へんじ》を受《う》けとりました。

とつぜんに病気《びょうき》がなおったり、目《め》が見《み》えるようになったり、歩《ある》けるようになったり、神《かみ》さまをばかにしていた人《ひと》が、神《かみ》さまを信《しん》じるようになりました。

このような、数《かぞ》えきれないふしぎこそ、

「死《し》んだら、ばらの雨《あめ》をふらせましょう。」

といった、テレジアのやくそくの実現《じつげん》でした。

テレジアの名《な》は、リジューをこえて、フランスからヨーロッパじゅうへ、そして世界《せかい》じゅうに知《し》れわたりました。

そして、ばらの雨《あめ》は、いまもふりつづいています。

テレジアは、宣教師《せんきょうし》になって、まだ神《かみ》さまを知《し》らない人《ひと》たちに、神《かみ》さまを知《し》らせるために出《で》かけていきたいと、とても望《のぞ》んでいました。それは、一生《いっしょう》修道院《しゅうどういん》から出《で》ることのないカルメルでは、とてもかなえられないゆめでした。けれども、心《こころ》は自《じ》由《ゆう》にどこまでもとんでいくことができます。宣教師《せんきょうし》たちと心《こころ》をあわせて祈《いの》ったり、手紙《てがみ》を書《か》いてはげますこともできます。まして天国《てんごく》では、思《おも》うぞんぶん、世界《せかい》じゅうの宣教師《せんきょうし》を助《たす》けることができるのです。

ローマの教皇《きょうこう》さまは、テレジアがいだいていた宣教《せんきょう》へのあこがれと熱心《ねっしん》さにこたえて、テレジアを全世界《ぜんせかい》の宣教《せんきょう》の保護者《ほごしゃ》にしました。

そのうえ、自分《じぶん》がどんなに小《ちい》さく弱《よわ》くても、神《かみ》さまに信頼《しんらい》して、毎日《まいにち》のつとめを、愛《あい》をこめてはたしたテレジアの一生《いっしょう》にならうように、おすすめになりました。

テレジアが、院長《いんちょう》さまとお姉《ねえ》さんたちのすすめで書《か》いた『小《ちい》さな花《はな》の物語《ものがたり》』は、印刷《いんさつ》されて、世界《せかい》じゅうの人《ひと》びとに読《よ》まれました。

読《よ》んだ人《ひと》びとは、みな深《ふか》く心《こころ》を打《う》たれました。神《かみ》さまが、どれほどやさしい心《こころ》づかいをもって、すべての人《ひと》を天国《てんごく》によんでおられるかということを知《し》ったからです。

そして、神《かみ》さまがテレジアをとおして教《おし》えてくださった〝天国《てんごく》への小《ちい》さい道《みち》〟を、自分《じぶん》も歩《ある》いていこうと決心《けっしん》するのです。

作者　蛯名　啓（えびな　ひろ）
盛岡に生まれる。岩手大学卒業。
聖パウロ女子修道会会員。
作品『いちばんはじめのクリスマス』
　　『クリスマスのろば』
翻訳『クリスマスのうまごや』
　　『メリー・クリスマス』（女子パウロ会）。

画家　石倉淳一（いしくら　じゅんいち）
1954年，札幌に生まれる。獨協大学卒業。
現在，フリーのイラストレーターとして雑誌，単行本に
マンガ，イラストなどを描いている。
作品『聖書を生きる』（女子パウロ会）。

小さい花のテレジア

文❀蛯名　啓　　絵❀石倉淳一

発行所　**女子パウロ会**
代表者　松岡　陽子
〒107-0052東京都港区赤坂8丁目12の42
☎ 03-3479-3943　FAX 03-3479-3944
webサイト http://www.pauline.or.jp/
印刷所　平河工業社
初版発行　1980年10月1日
改訂初版　2019年10月10日
ISBN978-4-0810-7 C8023 NDC289

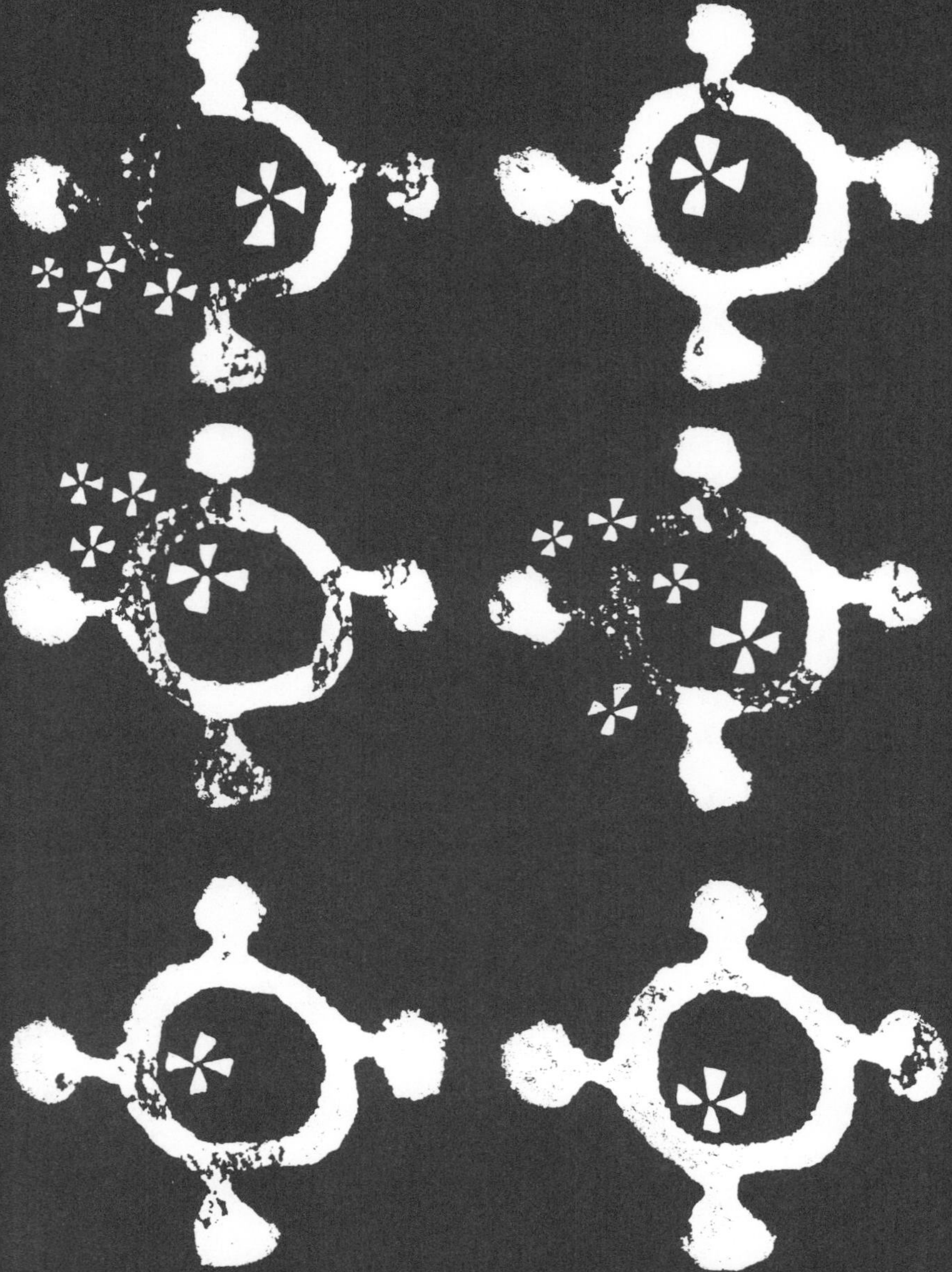